말하지
않아도
들리는 소리

말하지 않아도 들리는 소리

유정옥 글

소중한 사람들

머리말

이웃과 함께 살아간다는 것은 이웃과 함께 느끼는 것입니다.
그들이 아픈 만큼 나도 똑같이 아프고,
그들이 기쁜 만큼 나도 똑같이 기쁜 것….

내가 이웃을 위해서 해 줄 수 있는 것이 아무 것도 없을 때, 그냥 그들 곁을 떠나지 않고 함께 있어주는 것만으로도 이웃의 고통은 반으로 줄어드는 것을 매 순간 보았습니다. 서울역 노숙인들 곁에 함께 있은 지 9년, 이젠 그들이 말하지 않아도 그들의 소리가 들려옵니다.

감당할 수 없을 만큼 행패를 부리는 노숙인에게서는 "사모님! 내가 사랑에 목말라서, 사랑받지 못해서 병이 났어요. 나 너무 아파요"라고

식사를 끝내고 밖으로 나가는 노숙인에게 "안녕히 가세요!" 인사할 때면 "사모님! 그 상냥한 인사가 너무 야속해요. 비가 이렇게 억수같이 쏟아지는데 나는 정작 갈 곳이 없어요"라고…

모처럼 배식되는 고기 반찬을 받지 못하고 김칫국물만 받아가는 노숙인은 "그 고기가 너무 먹고 싶은데 고기를 씹을 이가 없어요"라고…

"주님! 그들이 말하지 않아도 더 잘 들을 수 있게 해주세요. 내가 말하지 않아도 주님이 다 듣고 계시고 다 알고 계신 것처럼…."

서울역 노숙인들 곁에서 일하는 동안 낮고 험한 이곳으로 찾아온 아름다운 사람들과 만났습니다.

그 이름들이 하늘의 별과 같이 많아서 다 헤아릴 수 없지만 제 가슴에 보석처럼 알알이 박혀 빛나고 있습니다. 그 이름들이 내 곁을 지켜 주고 있어서 내가 넘어졌을 때 다시 일어날 수 있었고 내가 두려워할 때 다시 힘을 얻을 수 있었습니다.

수많은 시간을 동역하여 함께 살아오고 있는 얼굴들을 떠올리면 그 깊은 고마움을, 그 진한 사랑을 전할 길 없어 그저 눈물만 납니다.

서울역에서 만난 한 영혼 한 영혼을 마음 깊이 사랑합니다.
주님으로 인하여 이루어진 새로운 가족, 소중한 사람들…
진심으로 감사해요!
진심으로 사랑해요!

나의 믿음의 자매 나영자 사모, 로사 사모, 송연숙 선교사…

이 책이 나올 수 있도록 씨앗을 심어준 김대현 장로님께 가슴깊은 감사함을 전합니다.

천국에서 지켜보고 계실 나의 어머니께 목메인 그리움을 보냅니다.

나의 서투른 첫 걸음부터 꼭 잡고 이끌어 주신 사랑하는 나의 주님께 오늘의 모든 영광을 돌립니다.

지은이 유 정 옥

차 례

머리말	004
만남	013
유리창 너머	017
독대	020
그 분이 OK할 때까지	024
이 세상 어떤 것으로도 결박할 수 없는 꿈	028
그 아들의 소원 (1)	035
그 아들의 소원 (2)	040
그 아들의 소원 (3)	042
더 이상 기다리시게 할 수 없어요	047
아직 끝나지 않았어	050
성의	054
몽땅 털기	058
너 하나님의 사람아!	063
나보다 더 무겁느냐?	066
별명	068

가난의 기쁨	071
성경 여름방학 vs. 영어 여름방학	074
말하지 않아도 들리는 소리	081
생일선물	084
지켜보는 사랑	087
강력 접착제	091
그것이 그 사람의 매력이야	094
그렇게 할 말이 많더냐?	097
허락하시는 곳까지만 가자	099
내 어머니라면	106
잠 못 이루는 밤	110
택시기사	115
고자질	119
거대한 보자기	122
무엇을 건네주고 있는가?	126
나인성 과부	129
모든 이웃에게 그릇을 빌리라	133

차 례

할머니 노숙인	137
1 : 99	140
물불을 가리지 않고	142
네 뒤에 누가 있느냐?	149
가슴에 꿈을 품고	154
기적	157
입소문	160
상사병	163
소중한사람들	168
잔치	171
나도 이제는	173
만능열쇠	175
속삭임	178
두 사람	183
마침 그 때	186
아버지의 등장	189
아파서 그러는 거야	192

현금으로 주세요	195
심부름꾼 (1) 선물	200
심부름꾼 (2) 주인에게 맡기지 않은 것은 책임지지 않습니다	202
변장술	205
남성 쉼터	210
가지 많은 나무의 행복	212
여성 쉼터	213
쉼터 이야기 (1) 노란 손수건	217
쉼터 이야기 (2) 태풍이 부는 밤에	220
쉼터 이야기 (3) 예수 믿게 됐잖아	223
노숙인 전용 작업장 새희망 일터	227
하나님의 보물찾기	230
가을산	234
천사(1004)	235
나를 도와줄 수 있나요?	238
내가 그들을 불쌍히 여기노라	241
주님 필요합니다	244

말하지
않아도
들리는 소리

내가 지금 이 일을 왜 하고 있나
내가 이 사람을 왜 만나고 있나
내가 이 곳에 왜 있는 것일까
주님! 오직 한 영혼을 목표합니다.

만남

수요일 저녁 예배가 끝난 후 한 여인이 나를 찾아왔다. 자신만만하고 당당한 이미지를 주는 그녀는 대뜸 나에게 이렇게 물었다.

"유정옥 사모님이시지요? 제가 사모님께 부탁이 있어서 왔어요. 형무소에 수감되어 있는 죄수를 만나 주실 수 있을런지요?"

"예 그러지요. 만나겠어요."

일각의 망설임도 없이 쉽게 대답하는 것이 그녀를 거슬리게 했는지 왜 그렇게 쉽게 승낙을 하느냐고 오히려 나를 나무라는 것이었다.

나는 당황하여 "저… 성경에 주님께서 옥에 갇힌 자를 돌아보라고 하셨기 때문에…."

성경에서 하라는 대로 했을 뿐이라는 나의 대답에 그녀는 의외라는 듯 머리를 흔들며

"그런데 사모님! 그 죄수가 한국에 수감되어 있는 것이 아니고 미국 시카고에 수감되어 있어요. 그를 만나는 일이 그렇게 단순하고 쉬운 일이 아니라는 거예요. 그를 만나기 위해 사모님은 미국으로 가야하고 항공권과 미국에 머무르는 동안의 경비를 사모님이 다 부담하셔야 되요. 그런데도 불구하고 그를 만나 주시겠어요?"

"예, 성경에 한국에 수감되어 있는 죄수는 만나고 시카고에 수감되어 있는

죄수는 만나지 말라는 말씀은 없으니까요."

그녀는 밝게 웃으며 말했다.

"사모님! 제가 3월 29일 7시 30분 대한항공 비행기를 발권했어요. 그러니까 사모님도 저와 똑같은 항공권을 구입하세요. 그리고 다음달 3월 29일 오후 5시 인천공항에서 만나요."

뜬금없이 왔다가 돌아간 그녀는 한 달 동안 한 통의 전화도 오지 않았다. 나는 생전 처음 보는 그녀의 말을 믿고 미국행 항공권을 사야 하나 사지 말아야 하나 고민하였다. 황당하기 그지없는 일이었지만 아주 지성적인 그녀의 인상도 있고 어쨌든 나에게 다가 온 사람이거나 나에게 전달된 사건에는 우연이란 없을 것이다. 거기에는 분명한 하나님의 뜻이 숨겨져 있을 것이다.

나는 항공권을 샀고 1,000달러 정도의 경비를 준비하여 약속된 시간에 인천공항에 나갔다. 그녀는 일 분의 오차도 없이 오후 5시 정각에 약속 장소에 나타났다. 나를 보더니 반색을 하며

"사모님! 제가 얼마나 마음을 졸였는지 아세요? 혹시 사모님이 나오시지 않을까 해서요."

나는 속으로 말했다. "자기가 왜 마음을 졸여? 정작 나오지 않을까봐 마음을 졸인 사람은 바로 난데…."

그녀와 나란히 비행기에 앉았다.

그녀는 항공비와 현지 경비가 두둑이 들어 있는 흰 봉투를 나에게 건네주며 말했다.

"사모님! 이렇게 저와의 약속대로 공항에 나와 주셔서 감사해요. 제가 사모님께 본의 아니게 무례해야만 했던 것은 그럴만한 이유가 있었어요. 사모님은 지금 책이 출간된 이후에 가장 바쁘실 때이지요. 교회 집회도 다니시고 얼마나 바쁘신 줄 제가 잘 알고 있어요. 만약 제가 사모님이라면 저는 이 자리에 나오지 않았을 거예요. 그래서 혹시 전화를 하면 그날은 엉겁결에 약속

을 했지만 지금 생각하니 가지 못할 것 같다며 거절을 하실 것 같아서 전화도 못했어요. 그리고 우리는 오직 영혼 구원만을 생각하고 영혼 구원이라면 무엇이든지 희생할 수 있는 순수한 작가가 절실하게 필요했어요. 왜냐하면 그 작가만이 앞으로 만나게 될 앤드류를 위해서 일할 수 있기 때문이에요.

사모님! 저와 함께 시카고에 가서 만나야 하는 죄수는 앤드류라는 서른세 살의 청년입니다. 제가 앤드류를 만난 것은 십 년 전의 일입니다. 저는 시카고에 살고 있고 그림을 그리는 화가 '심형' 이라고 합니다. 제가 다니고 있는 그레이스교회에는 '선한 사마리아인회'라는 봉사 단체가 있습니다. 그 봉사 단체는 감옥에 가서 죄수를 면회해 주는 단체인데 복역한지 몇 년이 돼도 아무도 면회를 와 주는 이가 없는 죄수들을 만나 주는 일을 합니다. 달하자면 가족들조차 찾지 않는 사형수들을 만나게 되지요. 그 단체에서 면회하러 갔다가 만나게 된 죄수가 바로 앤드류입니다.

저는 앤드류를 면회하고 가슴이 아리고 저려왔습니다. 그렇게 신실한 믿음과 고매한 인성을 가진 저 청년이 어찌 살인을 했단 말인가? 그리고 살인을 했다 하더라도 전과도 없는 초범이고 나이는 미성년 나이에서 6개월이 갓 지난 열아홉 살인데 어쩌다가 100년이라는 두거운 형벌을 받은 것일까?

우리들은 앤드류를 계속 면회하는 동안 앤드류에 대한 의문을 조사하다가 앤드류에게 형량을 선고한 로버트 존 판사가 앤드류에게 죽임을 당한 폴의 지인이라는 것을 알아냈습니다. 그래서 우리는 앤드류를 면회하는 것으로 끝나지 않고 무언가 미심쩍은 앤드류의 재판을 다시 공정하게 받게 해주기 위해서 앤드류의 구명 운동을 시작했습니다. 저는 작품 전시회를 열어 앤드류를 구명하는 데 필요한 경비를 만들고 또 일리노이 주지사가 특명을 하면 재판을 다시 받을 수 있다고 하기에 실낱같은 가능성을 찾아 한인들에게 탄원서를 받기 시작한 것입니다. 십 년 동안 시카고 전역을 돌아 만 명에게 탄원서를 받아 제출했습니다. 그러나 그 무렵 일리노이 주지사가 뇌물 사건에 연루되어 자리에서 물러나게 되었고 그 사건으로 십 년에 걸친 우리 봉사단의 모든 수고가 물거품이 된 것입니다.

큰 실망으로 우리들이 아무 것도 할 수 없는 지경이 되었을 때 봉사단원 중 누군가가 앤드류의 이야기를 다른 사람들에게 일일이 알리기 어려우니 작가를 섭외해서 글로 써서 알리면 어떻겠냐고 제의를 했습니다. 우리들은 그날부터 작가를 찾기 시작했습니다. 몇몇 작가들을 만났는데 돈을 요구해서 우리들의 마음이 아팠습니다. 그 때 마침 어떤 후배의 권유로 사모님의 책(울고 있는 사람과 함께 울 수 있어서 행복하다)을 보게 된 것입니다.

그 책을 읽어본 저는 제 생활의 모든 것을 전폐하고 사모님을 모시러 한국으로 나간 것입니다. 사모님 스스로 항공권도 사라고 했고 미국에서 쓸 경비도 가지고 나오라고 했던 것은 사모님이 돈을 생각지 않고 자신의 유익을 구하지 않고 오직 영혼 구원에만 열정이 있는 작가인지 잘 시험해봐야 되기 때문이었습니다. 이 돈은 사모님을 만나기 전부터 준비하고 제가 보관하고 있었습니다. 그러니까 받으세요."

"그렇다면 제가 앤드류의 글을 쓸 작가로 합격한 셈이네요."

그녀와 나는 앤드류 구명을 위해 함께 일할 것을 다짐하며 손을 꼬옥 잡았고 비행기는 앤드류가 있는 시카고를 향하여 쉬지 않고 날아갔다. ❋

유리창 너머

아직 꽃샘추위가 차가운 시카고는 이 도시에 처음 발을 딛는 낯선 이방인을 매섭고 강한 바람으로 맞이해 주었다.

아침 일찍 일어나 55번 하이웨이를 지나고 데스플레인 강과 캔카키 강을 지나 또 얼마나 더 갔을까? 폰티악 교도소 감시 전당대가 내 눈에 들어왔다.

폰티악 교도소의 담장은 바람도 새도 출입허가를 받아야 넘나들 수 있는가?

경비가 삼엄하고 살벌했다. 인적사항을 자세히 기재하여 미리 면회 신청해 놓은 서류와 샅샅이 대조한 후에야 면회가 수락되었다.

가방만한 라커룸에 모든 소지품을 집어넣고 몸수색을 위해 수색실(Shake Down Room)로 들어갔다. 교도관의 치밀한 몸수석이 끝나자 면회 허가증을 받았고 보기만 해도 두려운 철창문을 지나 팔에 형광 지문을 받은 후 대기실로 향했다.

대기실에서의 기다림은 한 시간이 넘었다. 대기실에서 내다본 복도에 총으로 무장한 경찰들이 오가는 것을 보며 면회 대기인 중 한 사람이 오늘 교도소 내부에서 심각한 사고가 있었던 것 같다고 말했다.

앤드류를 만나기 전에 또 한 번 방에 들어가 내 옷의 솔기까지 살필 정도의 세밀한 몸수색을 받았다. 면회 때는 아주 부드러운 휴지 한 장도 소지할 수 없었다.

면회실 바닥 줄이 그어져 있는 곳에 앤드류가 서 있었다. 운동 경기에 임하는 선수들의 스타트 라인처럼 앤드류의 발은 그 선을 잘 지키고 서 있었다. 철저히 교도관의 지시에 따르는 순진한 어린아이 같은 모습이었다. 누가 그를 보고 사람을 죽인 흉악범이라고 추측이나 할 수 있을까? 앤드류는 모진 세월이 그대로 멈춘 듯 소년의 맑은 눈빛을 그대로 간직하고 있었다.

유리로 가로막힌 저편에 앤드류의 얼굴이 있었다. 건장한 몸과 준수하고 반듯한 얼굴, 맑고 따뜻한 눈빛을 가진 앤드류는 비장한 각오를 한 목소리로 말을 꺼냈다.

"사모님! 저에게 무엇이든 질문하세요. 글을 쓴다는 것이 얼마나 어려운데 제한된 면회 시간에 저에게 몇 마디 듣고 글을 쓰시기 어려울 것 같아서, 어떻게 하면 요약하여 잘 말씀드릴 수 있을까 하고 며칠 밤을 새워 미리 준비했어요."

"앤드류야! 나는 너에게 질문하러 온 것이 아니야. 나는 너를 느끼러 왔어. 너의 사랑, 너의 미움, 너의 절망과 분노, 그리움과 외로움… 너의 모든 것을…."

그렇게 말하며 내 손바닥을 앤드류와 내 앞을 가로막고 있는 유리창에 대었다. 그 순간 앤드류의 가슴에서 십삼 년 동안 가득 담겨 출렁이던 눈물이 내 눈을 통해 뜨겁게 쏟아져 내렸다. 울고 있는 나를 쳐다보는 앤드류의 눈에서도 하염없이 눈물이 흘러내리고 있었다.

내 아들이 유리창 저편에 있었다. 아들이 지금 겪고 있는 모진 외로움과 미래에 대한 무서운 공포가 어미인 내 가슴에 처절하게 느껴져 왔다. 나는 소리를 내지 않고 속으로만 고백하였다.

"아들아! 나는 너의 모든 고통을 함께 느끼고 있다. 나는 너의 어머니고 너는 내 아들이야."

목이 메고 가슴에서 뜨거운 것이 뭉클 올라왔다.

그 때 유리창에 댄 내 손바닥에 온기가 느껴졌다. 앤드류의 손이 유리창 저 편에서 내 손에 포개졌기 때문이었다. 우리는 오랫동안 한 마디의 말도 못한 채 손을 포개고 소리 없이 울기만 하였다. 목이 멘 앤드류가 들릴락 말락 한 목소리로 나를 불렀다.

"어머니!"

그 한마디는 앤드류와 나를 앞으로 아무 말도 필요치 않은 절대적인 사랑의 관계로 승화시켜 주었다.

"어머니!"

그 한마디는 삼키다 목에 걸린 알약처럼 내가 음식을 먹을 때도 잠을 잘 때도 가슴에 딱 걸려 내려가지 않고 항상 맺혀있는, 쓰리고 아픈 응어리가 되었다. ✾

독대

형량이 내려진 직후 나는 차가운 철제 수갑에 채워져 악명 높은 폰티악 교도소로 향했습니다. 이곳저곳으로 몇 번을 옮겨 다니며 나는 마치 내가 살아서는 안 될 세상에 버려진 흉측한 벌레 같았습니다. 조그만 대기실은 동서남북 어디를 보아도 벽뿐이었습니다.

나는 짐승들이 영역 표시를 하듯 어느 곳을 가든지 하나님의 영역표시로 기도하고 또 기도했습니다. 내가 할 수 있는 것이라고는 기도 밖에 없었습니다.

작은 철 박스로 굳게 닫혀진 수갑이 가슴부터 발목까지 나를 칭칭 감고 있었습니다. 쇠사슬의 끝은 미니밴의 바닥에 고정되어 있었습니다. 차창 밖으로 일리노이주 옥수수 밭을 온통 하얗게 덮은 눈이 모든 더러운 것들을 감추고 있었습니다.

지금 이 길을 지나가고 나면 어쩌면 내가 살아서는 영원히 볼 수 없는 풍경일지도 모릅니다. 그래서 차창을 지나 멀어져가는 모든 풍경들을 눈에 담고 가슴에 담고 추억에 담았습니다. 그 풍경들은 나의 눈물로 흐려졌다가 눈물이 떨어지고 나면 다시 맑아졌다가 또 흐려지면서 또 다른 나의 과거가 되어 뒤로, 뒤로 가 버렸습니다.

험악해 보이는 높은 담으로 둘러싸인 곳, 그 높은 담이 또 고압선으로 얽혀 있는 나의 미래의 집! 폰티악 감옥소에 도착했습니다.

시카고의 겨울바람은 칼날처럼 날카롭고 매서웠습니다.

밴에서 내려 땅에 쌓인 눈 위를 걷자 내 발은 금방 차갑게 얼었습니다. 점점 발의 감각이 없어졌지만 감옥소에 대한 두려움으로 무작정 내딛었습니다. 감옥소의 문을 지나 각 수용소가 열 지어 있는 곳으로 들어서자 나는 공포에 질려 숨이 막혔습니다.

보이는 것마다 모두 철창이었습니다. 30피트가 넘는 콘크리트 벽을 사이에 두고 끝없는 방들이 새장처럼 줄지어 있었습니다. 각 방의 철창 사이로 셀 수 없을 만큼 많은 눈들이 나를 바라보고 있었습니다.

내가 한 발 한 발 걸음을 뗄 때마다 철창 사이에서 쓰레기가 던져졌고 위층 아래층 할 것 없이 재소자들의 야유와 환성이 터져 나왔습니다. 마치 사나운 맹수들이 맛있고 연한 먹이를 보고 서로 뜯겠다고 포효하는 것 같았습니다. 얼마나 겁에 질리고 쪼그라들었는지 오줌까지 바지에 지렸습니다.

방에 들어오니 철제 침대와 화장실이 덩그러니 놓여 있었습니다. 내 몸은 매서운 추위로 떨고 있었고 내 영혼은 무서운 공포로 떨고 있었습니다. 나는 무릎을 꿇고 또 간절히 기도했습니다.

나는 하나님 없이 살 수 없다고….

제발 이 무서운 동굴에서 나를 보호해 달라고….

그 곳은 사람들이 사는 곳이 아니며 울부짖는 맹수들의 동굴이었습니다. 나는 다른 재소자와 한 방에 수용되어 있었습니다.

어느 날 감옥이 발칵 뒤집혔습니다. 죄수가 수제칼로 간수를 무참히 찔러 죽인 것이었습니다. 죄수들은 운동화나 칫솔 등에서 뽑은 철사들을 가지고 수제칼을 만들고 죄수들을 심하게 학대하는 간수를 누구도 모르게 감쪽같이 죽이는 것이었습니다.

감옥 안은 대대적인 수색이 시작되었습니다. 내 방 수문장이 들어와 방안을 샅샅이 뒤졌습니다.

그런데 이게 웬일입니까? 우리 방에서 수제칼이 나온 것입니다. 그는 눈을 부릅뜨고 그 수제칼로 내 배를 찌르며 소리쳤습니다.

"너야?"

나는 머리를 가로저으며 내가 아니라고 강하게 항의했지만 소용없었습니다.

간수는 나와 내 동료 재소자의 손에 수갑을 채워 독방이 있는 곳으로 데려갔습니다. 그 칼은 내가 만든 것이 아니므로 나와 함께 방을 쓰고 있는 멕시칸의 칼일 텐데, 그도 자기 칼이 아니라고 시치미를 잡아떼자 간수들은 두 사람을 다 독방에 쳐 넣은 것입니다.

독방이 있는 북쪽 격리동은 지하 감옥이었습니다. 회색으로 칠해진 격리동에 들어서면서 벽 사이로 죄수들의 신음소리와 울부짖는 소리가 들려왔습니다.

폰티악 교도소 안의 독방이란 감옥소 안의 감옥소인데 지옥보다 더 고통스러운 곳입니다. 독방 안에 들어간 죄수는 대다수 견디다 못해 자살을 택합니다.

길고 좁은 복도를 따라 온통 철제로 만든 작은 방에 수감되었습니다. 무거운 철문이 귀청이 터질 것 같은 소음을 내며 열렸습니다. 문이 열리자 배설물에서 나는 악취로 토할 것 같았습니다. 불빛이라고는 희미한 작은 전구 하나뿐인 이 철제 방은 일 년 내내 외부와 교류할 수 없이 철저히 폐쇄된 곳입니다.

독방에 갇힌 죄수들의 처절한 울음소리가 학대받는 동물의 울부짖음이 되어 퍼져나가고 있었습니다. 독방에 들어 간 나는 소리 내어 엉엉 울었습니다. 끝없는 두려움이 몸을 얼어붙게 했습니다.

그런데 울고 있는 나의 눈에 희끗 무언가가 보였습니다. 오물로 얼룩진 더러운 매트리스 밑에 손을 깊숙이 넣어 꺼내 보았더니 그것은 낡은 성경책이었습니다. 얼마나 낡았는지 종이가 푸석푸석 피어나고 있었습니다.

나는 매트리스 위에 무릎을 꿇고 성경책에 입맞춤하며 말했습니다.

"주님! 저보다 먼저 이 독방에 와 계셨군요. 저와 독대하고 싶으셔서 일 년 내내 아무도 만나지 말고 오직 주님하고만 만나자고 저를 독방으로 인도하셨군요."

기도와 찬송, 말씀으로 주님과 독대하는 기쁨과 평화가 2미터짜리 철가방 같은 독방을 천국으로 만들어 주었습니다.

견디기 어려운 독방으로 내가 들어가게 된 것은 감방 동료의 잘못이었기에 그에 대한 노여움과 분노가 내 맘속에 있으리라 생각했는데 전혀 노여움이 없었습니다. 독방 감금은 나에게 주님을 독대하는 거룩한 체험을 하게 했기 때문입니다.

오히려 나에게 하나님을 더욱 깊이 알게 해준 그 동료를 위해서 기도하게 되었습니다.

"주님! 저는 이렇게 주님과 매 순간 만나서 기쁨의 시간을 보내고 있지만 멕시칸은 독방의 고통을 이기지 못하고 어쩌면 자살 할지도 모릅니다. 주님이 그 멕시칸에게도 구원의 은총을 베풀어 주십시오."

미처 닦을 사이도 없이 계속해서 흐르는 눈물은 앤드류의 맑은 눈을 더욱 빛나게 했다. 13년 동안 침묵 속에 감추어져 있던 앤드류의 고백이 인터폰을 통해 내 가슴에 지울 수 없는 지문처럼 뚜렷이 새기어졌다. ❀

그 분이 OK할 때까지

나는 일 년에 서너 번씩 내 아들 앤드류를 보러 시카고에 갔다. 아들은 얇은 죄수복을 입고 쇠사슬에 발이 묶인 채 내 앞에 앉는다.

면회 시간은 오전 9시부터 오후 1시까지로 되어 있지만 다른 면회자들은 10분이면 거의 다 면회가 끝난다. 오랜 수감생활을 하고 있는 죄수들과 바깥 세상에 있는 가족들은 공유할 이야기가 없기 때문일 것이다. 그저 잘 있나 얼굴만 확인하고는 자리에서 일어난다.

그러나 앤드류와 나의 면회는 제한 시간이 다 되도록 대화가 끝나지 않는다. 나는 '정해진 점심시간을 놓치면 네가 밥을 먹을 수 없으니 점심시간 전에 끝내자'고 하면 앤드류는 '밥을 먹는 것보다 어머니와 더 오래 이야기하고 싶다'고 점심을 거른다.

나는 앤드류를 바라보며 말했다.

"앤드류야! 너는 맹수들의 동굴 같은 이 감옥에서 얼마나 밖으로 나가고 싶겠니? 나는 너를 이곳에 두고 혼자 집으로 가는 길이 너무 가슴이 아프다."

"어머니! 참 이상하지요. 나는 좁은 철창 안에 갇혀 살지만 조금도 좁게 느껴지지 않아요. 주님의 사랑 안에서 참 자유를 누려요. 바깥 세상에 살고 있는 사람들은 누가 억지로 철창에 가둔 것도 아닌데 그들 스스로 갇혀 살고 있잖아요. 감옥의 두 평을 무한정한 우주처럼 넓게 살고 있는 사람이 있는가 하면 무한정한 우주처럼 넓은 세상에서 살면서 마치 두 평의 감옥처럼 좁게 살고 있는 사람도 많지요.

어머니! 저 역시 지금 이 순간에도 어머니를 따라 바깥으로 곧장 나가고 싶어요. 어머니를 업고 나뭇잎이 속살대는 숲길을 걷고 싶어요. 그러나 저는 매일 아침 주님께 묻습니다.

'주님! 오늘인가요? 제가 바깥으로 자유롭게 풀려나는 날이 오늘인가요?'

그러면 이내 '아니다!' 하시며 주님이 고개를 저으세요.

저는 '아! 주님 그럼 내일이군요!' 이렇게 금방 바꿉니다.

아침마다 이 물음을 주님께 묻는 것은 내일이면 제가 이 감옥에서 나간다고 제 마음에 믿게 해주고 저의 감옥 생활은 오늘이 마지막이라고 생각할 수 있게 해줍니다. 그러면 감옥에서 하루 동안 일어나는 모든 일을 감사할 수 있습니다. 그래서 저는 매일 아침마다 설레고 감사하고 기쁩니다.

어머니! 그렇게 하루하루 '오늘이 감옥에서 마지막이다'라고 생각하며 살면서 주님이 OK할 때까지 잘 견디고 기다리겠습니다.

저의 아버지, 어머니, 누나… 다 없어졌지만 주님은 혈통으로 이룰 수 없는 새로운 가족을 주셨습니다.

저의 믿음의 아버지 김한철 장로님은 지금 십 년째 저를 찾아오고 계십니다. 예순 살이셨던 아버지는 지금 일흔 살이 되셨습니다. 제가 아버지를 만나러 가야 하지 않겠습니까?

저는 어머니가 이 못난 아들을 면회 오는 것이 너무 죄송스럽습니다. 지구 반대편 한국에서부터 이 곳 미국까지 오시는 것이잖아요. 이 세상 어디에 부모가 자식을 찾아다닌단 말입니까? 자식이 연로한 부모님을 찾고 모셔야 되잖아요.

어머니! 주님이 OK할 때까지 저를 위해 기도해 주십시오. 제가 어머니를 만나러 찾아갈 수 있도록….”

앤드류는 폰티악 교도소 안에서 많은 죄수들에게 전도하여 주님께 돌아오게 하고 있다. 또한 비행청소년들에게 올바른 삶을 가르치며 자신처럼 살지 말도록 청소년 사역을 하고 있다.

때로 어떤 사람들은 앤드류가 감옥에 있는 죄수들과 간수들을 전도해야 하는 각별한 사명을 띠고 감옥에 있으니 그가 100년 동안 감옥에 있는 것이 주님의 뜻이고, 그를 감옥에서 구해내는 일은 주님의 뜻에 어긋난 것이라고 나에게 항의하듯 말하는 사람들이 있었다.

그래서 나는 주님의 뜻을 여쭤보았다. 그랬더니 주님의 말씀은 여지없이 단 한마디였다.

"네가 배 아파 낳은 아들이 감옥에 갇혀 100년을 살아간다면 너는 어떻게 하겠니?"였다.

만약 앤드류가 자신의 친아들이라면 아무도 그런 말을 할 수 없을 것이다. 하나님은 보통의 부모들이 자식을 향해 갖는 사랑보다 수천 배 수만 배 더 크심을 나타내셨다.

"여인이 어찌 그 젖 먹는 자식을 잊겠으며 자기 태에서 난 아들을 긍휼히 여기지 않겠느냐
그들은 혹시 잊을지라도 나는 너를 잊지 아니할 것이라.”

앤드류를 위해 아무것도 할 수 없는 무능한 이 어미는 그저 쉴 새 없이 기

도할 뿐이다. 주님이 내 아들에게 감옥소에서 출감할 수 있도록 OK! 사인을 해 달라고….

다시 간수의 손에 이끌려 감옥으로 돌아가는 앤드류의 얇은 바지 끝자락이 바람에 펄럭였다. 그 겨울 이후 내가 어느 곳을 가든지 앤드류의 얇은 바지는 내 눈 앞에서 지워지 않고 펄럭이고 있다. ❋

이 세상 어떤 것으로도
결박할 수 없는 꿈

뉴저지에서 부활절 부흥회를 인도하고 있을 때였다.

미국에서는 새벽과 저녁에 집회를 인도하다보니 낮 시간에 조금 여유가 있었다. 대개 낮 시간은 강사들이 쉬는 시간이지만 나는 그 교회에서 가장 어려움을 당하고 있는 성도를 심방해 주고 싶다고 담임 목사님께 말했다. 그랬더니 그 날 한 집사님이 나를 그 집으로 데리고 갔다.

넓고 하얀 그 집은 공기마저 마비된 듯 아무런 움직임이 없이 정체된 분위기였다. 그 아이의 어머니는 맑고 고운 얼굴에 수심이 가득하였다.

"사모님! 제발 우리 유운이를 설득해서 대학에 가지 않도록 말려주세요. 아니면 뉴욕에 있는 대학 말고 뉴저지에 있는 대학에 가도록 권유해 주세요."

이 요구는 다른 어머니들과 정반대의 소원이 아닌가?

유운이는 뉴욕 명문대학에 합격한 청년이었다. 그러나 그는 어려서부터 진행성 근육 수축증을 앓고 있었다. 휠체어를 타고 이동을 해야 하고, 움직여야 하는 곳마다 도우미가 필요했다. 집에서도 움직임이 쉽지 않은 아들이 집을 떠나 뉴욕에서 대학 생활을 한다는 것 자체가 그의 어머니에게는 쓰라린 아픔인 것이다. 더구나 아들이 대학을 마칠 때까지 과연 살아 있을까를 생각해야 하는 어머니로선 아들과 함께 지내는 하루하루가 애절하고 절실할 수밖에 없었다.

그 어머니의 심정을 아는 나는 최선을 다해 권유해 보리라는 마음으로 그 방에 들어갔다. 열여덟 살의 그 청년은 너무 준수하고 아름다워서 그의 몸에 내려진 진행성 근육 수축증이란 병이 마치 사탄이 내린 형벌로 느껴졌다. 나는 그 청년을 위하여 기도하기 시작했다. 땀이 비 오듯 떨어졌고 목과 배가 터지는 것 같은 고통이어서 더 이상 할 수가 없었다. 그러나 내가 기도를 중단할 수 없도록 성령이 기도를 도우셨는데 내가 있는 힘을 다하여 기도할 때마다 그의 뼈 마디마디가 철사에 꽁꽁 동여매어져 있다가 하나씩 풀리는 것을 보여 주셨다.

"주님! 저는 기도하다가 죽어도 좋으니 주님의 치유의 광선으로 이 청년의 마비된 마디마디를 풀어주세요." 그렇게 쉬지 않고 한 시간이 넘게 기도했을까? 그의 입에서 방언이 터져 나왔고 그 청년은 "몸이 날아가는 것같이 가볍다"고 말했다. 나는 우리가 기도하던 그 시간에 청년의 근육을 수축시키는 악한 진행이 그 시간으로 멈춘 것을 믿었다.

"유운아! 뉴욕에 있는 대학에 가라!

성령의 능력은 우리 육체의 약함을 넉넉히 이기게 할 거야. 너는 그 대학을 반드시 졸업할 수 있을 것이다."

그의 어머니는 혹 떼려다 오히려 혹 붙인 격이 되었지만 성령의 충만함을 입은 아들의 모습을 보고 있는 힘을 다하여 아들의 대학 생활을 돕겠다고 약속했다. 그 이후 내가 미국에 가서 집회를 인도할 때마다 교회 맨 뒤에 유운이가 휠체어를 타고 와 있었다. 그 때마다 나는 유운이가 대학에서 최고의 성적으로 공부하고 있다는 기쁘고 가슴 벅찬 소식을 들을 수 있었다. 유운이는 기도하던 날 이후 몸이 조금도 나빠지지 않았고 4년 동안 혼신의 힘을 다해 공부하여 최고의 성적으로 뉴욕 명문대학을 졸업했다.

그런데 이번에 그의 어머니가 또 나를 집으로 부르더니

"사모님! 제발 우리 유운이를 말려주세요. 유운이가 저렇게 아픈 몸으로 4년 동안 공부하는 모습을 지켜보면서 제 가슴이 새까맣게 다 탔는데 이번엔 공부하기 더 어려운 법대를 가겠다고 하니 어쩌면 좋아요?"

4년 전 어머니의 간곡한 부탁을 받고 유운이를 만났던 때와 똑같이 또 다시 그를 설득해야만 했다.

"유운아! 4년 동안 건강한 사람도 감당할 수 없는 대학 생활을 이뤄 낸 네가 너무 자랑스럽구나. 그런데 왜 법대를 가려고 하니?"

"사모님! 이 세상에는 무식해서, 돈이 없어서, 힘이 없어서 자신의 기본 권리도 누리지 못하고 살아가는 불쌍한 사람들이 너무 많아요. 저는 법을 공부해서 그들을 변호하고 그들의 인권을 찾아주는 인권 변호사가 되고 싶어요. 그리고 이 꿈은 제 꿈이 아니라 주님의 꿈입니다."

그런데 어머니가 제가 대학 공부하는 동안 너무 애처로웠는지 승낙을 안 하세요. 어머니를 잘 권면해 주세요."

나는 유운이가 휠체어를 타고 법정에 들어서는 모습을 상상했다. 그리고 하나님이 그의 모습에 누구도 범접할 수 없는 존귀와 영광의 광채를 줄 것을 믿음의 눈으로 보았다.

"그래! 유운아! 오늘까지 너를 도우시고 지키신 하나님이 네가 법정에 서는 그 날까지 또 너를 지키시고 도우실 것을 믿는다. 너는 반드시 해 낼 수 있어!"

거실로 나가자 유운이 어머니는 아들과 나 사이에 4년 전과 똑같은 일이 벌어진 것을 이미 알고 체념한 듯 말했다. "사모님! 이번에도 한 번 해볼게요. 우리 부부가 있는 힘을 다하여 유운이의 법대 공부를 도울게요."

그 후 미국 곳곳에서 유운이를 장학생으로 부르고 있다는 소식이 들려왔다.

그리고 어느 날 이런 메일이 왔다.

"사모님! 오늘 콜럼비아 로스쿨에서 합격통보를 받았습니다. 그러나 그 학교를 다니려면 제 부모님의 학비 부담이 너무 많습니다. 오늘까지 저를 뒷바라지 하는 것도 너무 힘들었던 부모님께 더 이상 무거운 짐을 지울 수가 없습니다. 어떻게 하면 좋겠습니까?"

나는 유운이에게 남들이 누구도 범접할 수 없는 권위를 주겠노라 약속하신 하나님을 믿고 권면했다.

"유운아! 콜럼비아 로스쿨로 가라! 주님이 그 곳에서도 너를 책임져 주시고 지켜주실 거야."

콜럼비아 로스쿨에 입학한 유운이는 바로 장학생으로 선발되었고 유운이의 도우미를 찾지 못하여 안타까워하던 아버지는 다니던 회사를 그만두고 스스로 아들의 도우미가 되어 그와 함께 로스쿨 기숙사로 들어갔다.

유운이가 로스쿨 2학년 때, 나에게 심각한 상담을 해 왔다.

"사모님! 로스쿨을 그만 포기해야 할 것 같아요. 어머니가 많이 아파요. 그래서 아버지께서 저보다 어머니를 돌보아 드리고 어머니 곁에 계셔야 하는데 저 때문에 어머니를 돌보지 못하고 있어요. 또 아버지께서 직장 일을 못하시고 저를 돕고 있으니 집안 형편이 너무 어려워졌어요. 온 집안이 저 때문에 힘들게 되는데 저 하나만을 위해서 가족 모두에게 희생해 달라는 것은 제가 용납할 수 없어요."

"유운아! 너의 가족처럼 한 마음 한 뜻으로 하나님을 섬기고 하나님의 뜻을 이루는 가정은 이 세상에 없을 거야. 네가 만약 로스쿨을 그만두면 네 식구들이 기뻐하는 것이 아니라 사탄이 기뻐할 거야. 유운아! 너는 너 때문에 누군가가 힘들어지는 것을 가장 괴로워하는 성격이지. 사탄이 너의 그 약점을 이용하는 것이란다. 우리가 흠 없고 점 없는 완전한 사람이 되는 것도 중요하겠으나 어떤 상황에서도 하나님을 믿는 믿음이 주님을 기쁘시게 하는 것이란다. 걱정마라! 주님께서 어머니의 병을 반드시 낫게 해 주실 거야. 너의 가정 형편을 이미 알고 계신 주님께서 그것도 도와주실 거야."

유운이는 다시금 힘을 얻어 로스쿨에서 공부하는 것을 주님이 주신 사명으로 붙들고 공부에 전념했다. 유운이가 인턴 사원으로 취업을 하려고 원서를 내면 곳곳에서 취업을 약속한다. 그러나 유운이가 정작 휠체어를 타고 나타나면 이유도 없이 취업 취소를 당하기 일쑤였다. 그러나 그 때마다 유운이는 좌절하지 않고 "나를 꼭 필요로 하는 곳으로 보내기 위해서 주님께서 하신 일이지요" 라고 말하며 밝게 웃었다.

어렵고 고통당하는 이웃들을 위해 법정에 서서 변호하는 유운이의 미래를 떠올리면 이내 뜨거운 눈물이 솟는다. 주님의 뜻을 이루려는 그의 신실한 믿음이, 어려운 이웃의 행복을 위해서 자신의 미래를 헌신하려는 그의 사랑이, 자신의 장애를 통해 남의 장애를 배려하고, 오히려 하나님께 영광 돌리는 도구로 여기는 그의 감사가 나는 너무 대견스러워서 가슴이 아팠다.

오늘 나는 그 자랑스러운 아들 유운이에게 이런 메일을 받았다.

사모님!
잘 지내시죠? 건강은 어떠신지요.
저는 2주 전에 맨해튼에 있는 로펌에서 일을 시작했습니다.
10주 동안 일하고 로스쿨의 마지막 1년을 마치게 됩니다.
사모님께서 기도해주시고 로스쿨을 결심했을 때가 어제 같은데 벌써 시간이 이렇게 흘렀네요. 몸이 불편한 이유로 스트레스도 걱정도 많지만 (첫 며칠간은 잠을 편히 잘 수 없었습니다) 잘 견디내고 있습니다. 특히 이 10주 동안 잘 해야 졸업 후 이 같은 로펌에 정식 직원으로 취직할 수 있기 때문에 부담감이 더욱 더 큰 것 같습니다.

하지만 하나님께서 제가 언제나 긍정적일 수 있도록 놀라운 힘을 주십니다. 주님이 저의 곁을 지키고 모든 것을 넉넉히 이길 수 있는 힘을 주십니다.

오늘 제가 첫 주급을 탔습니다.

하나님께서 주신 제 인생의 첫 주급을 어려운 이웃을 위해서 일하고 있는 소중한사람들에게 드리고 싶습니다.

어떤 방법으로 헌금을 하면 가장 좋을까요?

항상 기도해주셔서 감사합니다.

하나님의 도우심 없이는 저는 일 분 일 초도 존재할 수 없습니다.

Yuwoon (David) Choi

Columbia Law School

J.D. Candidate, 2012

유정옥 사모님께,

드디어 졸업식을 지난 목요일에 마쳤습니다. 어려운 시간이었지만 졸업식 중에 앉아서 가만히 생각해보니까 이상하게 좀 서운하더라고요.

로스쿨 가기 전부터 기도해주시고 응원해주셔서 감사합니다. 좀 정신없이 지나갔지만 다 하나님의 은혜인줄 누구보다도 잘 알고 있습니다.

솔직히 요즘에 앞길이 대한 걱정과 염려가 많이 밀려옵니다. 외로움도 느끼고 건강이 회복되길 그 어느 때보다 간절히 기도하고 있습니다.

하지만 지난 3년 그리고 제 평생 동안 하나님은 저를 버리지 않으셨기 때문에 다시 자신감을 가져봅니다.

사모님께서 지난 번 오셔서 저를 위해 기도해 주실 때 주님께서 제 졸업식을 통해 영광 받으실 것이라고 하셨죠. 마침 여덟 명의 졸업생을 학교에서 뽑아서 인터뷰하고 기사를 썼는데 제가 그 중에 한 학생이 됐습니다. 아래 링크를 클릭하시면 바로 그 기사를 보실 수 있습니다(영어이지만요 ^^). 사진은 너무 살찌게 나와서 아쉽네요! 하하하

http://www.law.columbia.edu/graduation-2012/621008/yuwoon-david-choi

그리고 졸업식 관련 사진들은 이 링크에서 보실 수 있습니다.

http://img.gg/rAi6Z

6월초에 오신다고 들었습니다. 그 때 뵙겠습니다!

최유운 올림

사모님,
너무 기쁜 소식을 전합니다.
오늘 통보를 받았습니다. 뉴욕 사법고시 시험에 합격했다고요!
사무실에서 늦은 저녁에 일하다가 통보를 받았습니다.
너무 기뻐서 혼자 사무실에서 감사기도를 했습니다.
이곳에 가면 제 이름을 찾을 수 있습니다. ^^
  http://www.nybarexam.org/EXRJ12/CD_711.html

- 최유운 올림

나는 유운이의 이름을 찾고 또 찾고 수없이 찾아보며 주님께 감사했다.

만약 유운이가 이렇게 단번에 사법고시에 합격하지 못했다면, 유운이가 사법고시에 다시 도전해야 하는 일은 죽음 같은 고통이었으리라.

나는 유운이가 휠체어 없이 법정을 뚜벅뚜벅 걸어 들어가 입이 있으나 말하지 못하는 가난하고 힘없는 사람들을 위해 힘 있게 일하는 모습을 보는 그 날까지 쉬지 않고 기도할 것이다.

정말 장하다! 아들아! ✽

그 아들의 소원 (1)

　　설날의 둘결은 길마다 자동차로 넘실거리고 차도는 거대한 주차장을 방불케 했다.

　　집에서 길을 떠난 지 얼마만일까? 나를 기다리고 있는 형진이가 입원해 있는 삼성의료원은 시끄러운 바깥 소리와는 달리 고요 속에 파묻혀 있었다. 중환자실 면회는 오전 10시 30분과 오후 7시 30분 하루 두 번 밖에는 허가되지 않는다. 내과 중환자실 엘리베이터 근처에서 형진이 어머니와 통화를 하고 만났다. 나는 아무리 아들의 병간호라고 해도 이십 년이 넘도록 병원 생활을 해야 하는 형진이 어머니가 측은하고 안쓰러웠다. 그래서 조심스럽게 '힘들지 않느냐'고 물었더니 이렇게 대답하는 것이었다.

　　"주님께 감사해요! 형진이 때문에 우리 가족 전체가 주님을 만났고 제가 다른 사람들의 아픔을 알게 되었거든요. 주님께서 저를 낮추시지 않았다면 지금쯤 내가 얼마나 보기 싫은 모습으로 살아가고 있을까 생각하면서 항상 감사하고 있어요."

　　환하게 웃는 형진이 어머니는 오랜 세월동안 중환자실에서 아들을 들여다 보며 마음을 끓인 얼굴이 전혀 아니었다. 예순의 나이를 바라보는데도 너무 곱고 밝은 얼굴이었다.

　　중환자실에 들어서니 그 곳에 입원해 있는 모든 환자들의 고통이 한 걸음

유정옥 글 | 35

한 걸음 걸을 때마다 다양한 아픔이 되어 저미어 온다. 그 곳에서 만난 청년 형진이! 그는 중환자실이 오히려 익숙해진 사람처럼 편한 모습으로 누워 있었다. 티 없이 하얀 얼굴은 그 마음의 티 없고 흠 없는 순전함을 그대로 나타내 주고 있었다.

형진이는 생후 12개월 때 척추성 근위축증이라는 불치의 병명을 진단받았다. 이 병은 온몸의 근육이 천천히 마비되는 병으로 근육이 말라붙으면서 뼈가 휘어져 힘을 쓰지 못하게 되는 희귀질환이다. 모든 일상생활을 다른 이에게 의지해야 하는 만성적이고 진행적인 질병이다. 형진이는 초등학교 3학년 때 이미 전신이 마비되었고 머리를 1밀리미터도 움직일 수 없게 되는 중증 환자가 되었다.

형진이는 초등학교 다닐 나이를 살 수 있겠는가가 의문일 정도로 중증이었다. 그러나 아들을 사랑하는 어머니의 열정으로 현재 스물세 살의 청년이 되었다. 형진이 어머니는 형진이를 휠체어에 싣고 초등학교와 중학교, 고등학교를 마치게 한 위대한 사랑의 기적을 이룬 분이다.

형진이는 학교에 가는 날과 결석하는 날을 번갈아 하며 어렵게 초등학교를 졸업했다. 중학교를 가야 하는데 갈 곳이 없었다. 그래서 집에서 5분 거리에 있는 중학교를 찾아갔다. 형진이의 6학년 담임선생님도 함께 동행해 주었다.

그런데 그 중학교 교장 선생님은 '장애인은 우리 학교에 입학할 수 없다'고 단호하게 잘라 말했다. 이유는 간단했다. 장애인이 학교에 들어오면 그 아이 때문에 여러 가지 복잡한 일이 생기는 것이 싫다는 것이다. 그 날의 교장 선생님의 얼굴을 형진이 어머니는 너무 무서웠다고 회상했다. 절벽처럼 꽉 막힌 그 교장 선생님께 아무리 간절히 애원해 봐도 소용없었다.

형진이와 어머니는 장애인이라는 이유 때문에 중학교에서 문전 박대를 당하고 처음으로 그렇게 소리 내어 처절하게 울었다고 한다. 그러나 포기하지 않고 계속 그 중학교의 문을 두드려 입학을 하게 되었다.

형진이는 중학교 1학년 중간고사부터 우수한 성적을 거두어 장애를 뛰어넘는 모습을 보이기 시작했다. 형진이가 중학교 1학년 학기말 시험 성적이 나올 즈음 그 교장 선생님이 다른 학교로 전근을 가게 되었는데 형진이와 어머니에게 너무 부끄럽다는 말을 하셨다고 한다. 형진이는 우수한 중학교 성적으로 신체장애가 없는 여타 학생들과 아무런 차이가 없음을 증명했고, 더 이상 '장애인은 학교에 입학 할 수 없다'는 장벽을 헐어버린 것이었다.

형진이는 학교에 부담을 주는 학생이 아니었다. 어머니가 분신처럼 따라다니며 학업을 돕는 모습이 오히려 다른 학생들에게 귀감이 되었기 때문에 학교에서도 형진이를 힘껏 도와주었다. 형진이에게 항상 양호실 옆 교실을 배정해주어 쉬는 시간마다 침대를 쓸 수 있게 해주고, 휴대용 인공호흡기 등 많은 소지품을 학교에 두고 다닐 수 있도록 배려해 주었다. 어머니는 형진이의 학교 시험 때면 학우들의 노트를 빌려 형진이에게 읽어주고 외우게 하여 형진이의 중학교, 고등학교 석차는 5~6등에 이르렀다. 어머니는 형진이가 살아있는 것만으로도 감사하고 또 감사했다. 또 형진이가 공부하는 것을 가장 행복해했기 때문에 아들이 행복해하는 것을 바라보는 것이 어머니에게도 가장 큰 기쁨이었다.

형진이는 2002년 연세대 컴퓨터과학과에 정시 시험으로 당당히 합격을 했다. 수능을 치르던 날을 떠올리는 형진이 어머니 눈에서는 어느덧 눈물이 가득 고여 소리 없이 흘러내렸다. 건강한 청년들도 하루 온종일 긴장하여 시험을 치르면 지치고 지치는 수능의 분량이 아닌가. 게다가 수능 이틀 전에 폐렴이 와서 열이 나고 점심도 거의 먹지 못한 채로 아침 9시부터 오후 6시까지 하루 온종일 치렀으니…. 그런 힘겨운 시험을 전신이 마비된 아들이 치러낸 기적의 그날을 어찌 잊을 수 있을까?

"저는 그 날 형진이가 시험을 치르는 것이 아닌 것을 알았어요. 주님께서 기적을 이루고 계신 것을 목격했습니다." 잔잔하면서도 분명한 형진이 어머니의 신앙 고백이었다.

전신마비의 형진이가 연세대에 정시 합격을 하면서 세상은 형진이에게 주목하였다. 각 신문사들은 연일 그 기적의 청년 이야기를 기사화하느라 바빴다. 형진이는 학교에 다니는 시간보다 아프거나 병원에 입원해 있는 시간이 더 많았다.

형진이는 작년에 미국에 갔다가 병이 발병되어 미국 병원에서 2개월 반 동안 중환자실에 있었다. 타국 병원의 낯설음과 외로움과 공포와 절망과 싸우며 지낸 처절한 시간이었다. 그런 형진이는 라포트 주한 미군 사령관의 주선으로 의료진까지 동원된 군용 비행기로 한국에 올 수 있었다.

"있을 수 없는 일이 일어난 것입니다. 하나님이 모세를 통해 홍해를 갈라지게 하신 기적이 형진이게는 전신마비로 인공호흡기를 장착한 상태로 하늘을 날게 하신 것입니다. 형진이의 하루하루의 삶이 순간순간의 삶이 하나님이 함께 하시는 기적의 삶이었습니다."

형진이는 스물셋 청년의 나이지만 몸무게가 24킬로그램 밖에 되지 않는다. 음식은 위에 직접 연결된 호스를 통해 먹을 수 있으나 위에서 분비되는 위산이 새어나와 호스를 연결한 살의 부위를 상하게 하므로 너무 쓰리고 아프다. 항상 발갛게 부어 있는 연결 부위에 약을 바르고 온갖 치료를 해도 소용이 없다. 기관지 절개를 통한 인공호흡기에 의존해서 호흡을 하므로 절개된 곳이 염증을 일으켜서 고통이 크지만 얼굴 한 번 찌푸리는 일이 없다. 오랫동안 자리에 누워 있어 등과 엉덩이에 욕창이 나서 짓물러 고생도 많았다. 그런데 왜 형진이는 그 모진 고통을 호소하지 않을까?

형진이는 이렇게 고백했다.

"제게 소원이 있다면 이제는 어머니께 짐이 되는 아들이 아니라 힘이 되어드리는 아들이 되고 싶어요. 어머니께 웃음을 드리는 아들이 되고 싶어요. 그렇지 않다면 주님이 저를 하루 빨리 천국으로 불러 주시기를 원해요."

기도 속에서 나오는 아들의 소원을 듣고 어머니는 이렇게 응수하셨다.

"형진아! 어서 장가가서 손자 하나 이 어미 품에 안겨다오. 나는 네가 내 눈 앞에 이렇게 있어 주는 것이 가장 큰 행복이요, 기쁨이란다."

23년 동안 전신마비의 아들을 간호해온 어머니의 고운 얼굴엔 이젠 주름이 지고 흰 머리카락이 흘러내리고 있었다. "형진아! 네가 읽고 힘을 얻었다는 그 책을 쓴 사모님이야! 너의 소원을 말해봐."

형진이가 온몸에서 움직일 수 있는 것은 오직 눈동자뿐이다. 그는 눈으로 말했고 어머니는 형진이의 눈빛만 보고도 그의 마음을 읽어냈다. 어머니는 형진이의 무언의 말을 이렇게 통역해 주었다.

"어제 우리 남포교회 권사회에서 형진이 병문안을 왔어요. 권사회에서 형진이 먹고 싶은 것 사 더라고 20만원을 주셨지요. 형진이가 생전 그런 것에 관심이 없었는데 오늘은 그 돈이 얼마냐고 물어서 20만원이라고 알려 주었지요. 그랬더니 그 돈을 사모님을 주라고 하네요. 노숙자 아침식사 비용으로 주고 싶대요. 그것이 소원이라네요."

나는 형진이가 주님께 쉬지 않고 간구하고 있는 진정한 마음의 소원을 그가 말하지 않아도 들을 수 있었다. "어머니의 병간호를 받는 아들이 아니라 어머니를 간호할 수 있는 아들이 되게 해주세요. 이 땅에 태어나게 해 주셨으니 나라와 사회에 유익을 주는 사람이 되게 해주세요. 다른 사람의 도움을 받는 자가 아니라 다른 사람을 돕는 사람이 되게 해주세요."

형진이는 비록 자신은 중환자실에 누워 있으나 주님께 감사하는 감사 예물을 추운 겨울 차디찬 땅에서 자고 있는 노숙자들을 위해서 그들의 허기진 배를 따뜻한 음식으로 대접하는 일을 위해 주님의 이름으로 드리기를 기뻐하였다. 형진이는 그 마음의 소원대로 이미 다른 사람을 돕는 사람이 된 것이다. ✽

그 아들의 소원 (2)

형진이를 만나고 온 후 잠이 오지 않았다.

형진이는 돌이 되기 전부터 발병되었기 때문에 자기 또래의 친구들과 함께 뛰어 논 기억도 추억도 없을 것이다. 도대체 누가 형진이의 친구가 되어줄까?

그러나 함께 이야기를 나눌 수도 없고, 하루 두 번 면회 시간에 맞춰 중환자실에서 형진이를 보는 것으로 누가 형진이 곁을 지키겠다고 하겠는가? 아무리 둘러봐도 마땅한 사람이 없었다.

결국 이번에도 아들에게 부탁하였더니 아들은 흔쾌히 형진이의 친구가 되겠다고 나섰다. 학사 장교인 아들은 영월에서 서울까지 주말마다 빠짐없이 외출하여 형진이 곁에서 보냈다. 군대 이야기도 해주고 걸그룹 이야기, 피겨선수 김연아 이야기 등 형진이가 경험할 수 없는 흥미로운 것들이나 다양한 세상 이야기들을 해주며 형진이의 친구가 되어 주었다.

어느 날 아들은 병원에서 집에도 못 들르고 곧장 부대로 귀대한다면서 전화를 했다.

목이 메는 목소리로 "엄마! 내가 병원에서 부대로 바로 복귀한다고 하니까 형진이가 간호사를 불러달라더니 숨을 쉬기 위해 목에 설치한 기구를 제거해 달라고 조르는 거예요. 그것을 한 번 뺐다가 다시 넣으려면 형진이의 고통이 너무 심하고, 이미 살갗이 부어 있어서 얼마나 아프고 힘든 것인지 알고 있는 형진이 어머니와 간호사가 왜 빼려 하느냐고 만류했지만, 형진이가 할 말이 있다고… 할 말이 있다고… 간곡히 소원하기에 그 기구를 빼 주었어요."

아들은 끝내 훌쩍이며 울고 있었다.

"웅아! 왜 우니, 왜 울어? 그래서 무슨 위험한 일이 생겼나보구나."

말을 잇지 못하고 한참을 훌쩍이던 아들은 "엄마! 형진이가 그 기구를 목에서 빼고 목에 난 구멍을 막아달라고 하더니 자기가 하고 싶다고 간절히 소원하던 그 한마디를 어렵게 했어요. 그 한마디를 위해서 형진이는 다시 기구를 넣는 그 모진 아픔을 참아야 하잖아요. 그런데 엄마! 형진이가 그토록 하고 싶어 했던 그 한마디 말이 무엇인줄 아세요? ……

'형! 잘 가!'예요."

그 날 웅이는 전화를 끊지 못하고 엉엉 소리 내어 울었다. ❀

그 아들의 소원 (3)

내가 형진이를 처음 만난 지 6년이 지난 후 신문마다 형진이가 입학한지 9년 만에 연세대학교를 졸업한다는 기사로 넘쳐났다. 형진이 어머니는 아들이 공부하는 것을 가장 좋아했기 때문에 형진이를 안고 초·중·고등학교 12년 동안 학교를 같이 다녔다. 대학 때는 몸이 아파 학점을 못 받으면 다시 1년, 또 1년… 이렇게 9년 동안 강의실 곁에서 아들과 같이 강의를 들으며 아들의 곁을 지켰다. 이러한 정성에 감복하여 연세대학교는 형진이 어머니에게 명예졸업장을 수여했다.

그 기사내용을 보며 손가락 하나도 까딱하지 못하고 눈동자만을 움직일 수 있는 형진이를 통하여 하나님은 이 시대 우리들에게 어떤 말씀을 주고 싶어 하시는지, 또 형진이를 향한 주님의 일하심은 어디까지 전개될 것인지 기대가 되었다. '형진이의 졸업식장에 꽃다발 한 아름 안고 가야지….'

연세대 졸업식장에서 축하객들에게 둘러싸인 형진이가 환히 웃고 있었다.

형진이가 연세대를 졸업한 몇 개월 후 2011년 6월 10일부터 연세대학교 소프트웨어응용연구소 연구원으로 첫 출근을 하게 됐다는 기사가 보도되었다. 형진이의 기적은 형진이의 믿음과 어머니의 지극한 사랑과 헌신, 형진이를 아는 이웃들의 기도에 주님이 응답하신 증거인 것이다. 형진이는 소프트

웨어 개발자가 되어 우리나라 뿐 아니라 전 세계 모든 민족에게 유익을 주는 주님의 일꾼이 되고 싶은 소원을 가슴에 품고 연세대 컴퓨터 과학과 석·박사 통합과정 대학원에 진학했다. 척추성 근위축증으로 몸에서 움직일 수 있는 곳은 오직 눈동자뿐인 형진이가 이런 일을 이루어 낸 것은 사람이 한 것이 아니라 전능자이신 하나님이 하신 일임을 누구도 부인할 수 없을 것이다.

오늘 형진이 어머니가 전화를 했다.

"사모님! 제가 밤에 잠을 자려고 '형진아! 잘 자라!' 했더니 '엄마! 꿈에서 만나요!' 하지 않겠어요? 저는 '형진아! 싫어! 잠잘 때만이라도 너와 떨어져 편히 자고 싶다. 너 꿈에서도 엄마 부려먹으려고 그러니?' 했더니 '엄마! 엄마가 저를 매일 업고 다니잖아요. 제가 엄마를 업어주고 싶은데 저는 꿈에서밖에 엄마를 업어드릴 수가 없어서요. 제 소원은 엄마를 업고 한 번 걸어보는 거예요. 엄마! 저는 정말 엄마를 업어주고 싶어요'라는 거예요······."

형진이 어머니는 목이 메어 더 이상 말을 잇지 못했다.

나와 우리 소중한사람들 중보기도팀은 7년 동안 쉬지 않고 형진이를 위한 기도를 하고 있다. 그 기도는 형진이의 병을 치료할 특효약이 세상에 나타나는 응답을 반드시 보게 할 것이다. 그리고 나는 간절히 소원한다.

형진이가 어머니를 업고 걷는 일이 꿈에서만 가능한 것이 아니라 뚜렷한 현실이 되기를···.

바라는 것의 실상으로, 보이지 않는 것들의 증거도 나타나기를···.

형진이의 소원이 속히 이루어지기를···. ❋

남아 있는 것의 행복

서울대 음대 성악과를 졸업한 후배가 치주암과 설암으로 성악가에게 있어서 생명 같은 혀와 얼굴 반쪽을 잃었다. 사람들이 얼굴을 힐긋힐긋 쳐다보기에 내가 양산으로 얼굴을 가리자고 했다.

"선배님! 내가 살아 있어서 감사해요. 내 얼굴의 반쪽이 남아 있어서 감사해요. 내가 만약 죽었다면, 내 얼굴의 반쪽이 남아 있지 않다면 사람들이 나를 쳐다보지 못했을 거예요."

잃은 것을 원망하지 않고 남아있는 것을 감사하는 그녀에게는 아직도 너무나 많은 것들이 남아 있음을 보았다. ❁

말하지
않아도
들리는 소리

아들과 나는 우리 힘으로 어떻게 해 볼 수 없는 불가항력적인 곤경과 고난이 올 때마다 손을 붙잡고 "주님은 아직 끝나지 않았어요!"라고 외치며 서로를 격려하고 일으켜 세워준다. 우리의 삶의 모든 것은 하나님 나라에서 주님 앞에 서는 그 때에라야 진정한 끝인 것이다. 그래서 내 인생의 최상의 절정에서도 교만하지 말아야 하고 내 인생의 최악의 늪에서도 절망하지 말아야 한다. 왜냐하면 현재 내 눈 앞에 펼쳐진 그것이 아직 끝은 아니기 때문이다.

더 이상 기다리시게 할 수 없어요

시카고에 가 있을 때 한 여성도가 자기 집 2층에서 갓난아기가 죽어 가고 있는데 와서 기도를 해 달라고 했다. 방에 들어가니 태어난 지 한 달도 안 되는 아기 몸에 갖가지 호스가 거미줄처럼 연결돼 있어서 아기의 몸이 보이지 않을 정도였다. 아기는 젖을 빨지 못하는 병으로 죽어가고 있었다.

이제는 의료진도 치료를 포기했기 때문에 죽음만을 기다리는 처지였다. 결혼한 지 십 년 만에 어렵게 잉태된 아기이고 미국 시민권을 얻기 위해서 원정 출산을 온 것인데 젖을 빨지 못하여 말라 죽어 가고 있으니 산모는 넋이 나간 채 멍하니 침대에 앉아 있었다.

그런데 아기를 위해 기도했더니 "생명을 놓고 서원한 것을 생명을 놓고 갚을 때 나을 수 있다"는 이상한 말이 흘러 나왔다. 나는 그 말의 의미를 도저히 알 수 없어서 아기 엄마에게 "이 어찌된 연고냐?"고 물었다. 넋 빠진 사람처럼 울고 있던 아기엄마는 깜짝 놀라며 말했다.

"아기가 아픈 것은 남편 때문일 거예요. 남편은 열아홉 살에 폐병으로 각혈을 하게 되었대요. 입으로 쏟아져 나오는 피를 닦으며 '주님! 저를 살려 주시면 일평생 주님의 종으로 헌신하며 살겠습니다'라고 서원했어요. 그 후 신학교에 가려고 준비하는 중이었는데 남편이 다니던 교회 목사님의 스캔들 때문에 교회가 문을 닫고 성도들이 뿔뿔이 교회를 떠나는 것을 보고 남편은 주

유정옥 글 | 47

의 종이 되는 것이 두려워졌어요. 자신도 그런 범죄를 저지를 가능성이 너무 높다고 생각되었고, 그런 목회자가 되어 수많은 사람들을 실족시키게 되는 것이 두려워서 신학을 하지 않고 영문학을 했어요. 지금은 영어 학원을 하고 있지만 50세가 되면 다 내려놓고 주님의 종으로 살 것이라고 했어요. 이불 속에서 저에게만 알려준 비밀이지요. 어서 남편에게 전화해야겠어요."

미국에서 한국으로 돌아오자마자 그 아기와 엄마를 다시 만났다. 대방동에 있는 아기의 집에 가니 아기는 몸에서 호스가 다 없어진 상태였다. 아기의 아버지는 무릎을 꿇고 나를 맞이했다. 그는 눈물을 흘리며 이렇게 고백했다.

"저는 제 몸에 주의 종이 될 수 없는 죄의 유전자가 있다고 생각했습니다. 그래서 나쁜 인성을 가진 피는 저에게서 대를 끊어내려고 아이를 갖지 않기로 약속하고 아내와 결혼한 것입니다. 저희가 십 년 만에 어렵게 아기를 임신한 것이 아니라, 아기를 갖지 않으려고 저희는 십 년 동안 애썼습니다. 그런데 덜컥 임신하게 된 것입니다.

저는 아기가 잉태된 지 4개월쯤 되었을 때 깊은 기도 중에 아기에게 장애가 있다는 것을 알게 되었습니다. 그러나 아내에게 이 사실을 알려줄 수 없었습니다. 아내는 마음이 여리고 어린아이 같아서 심한 충격을 받을 것이 뻔했습니다. 저는 고민하다가 그래도 미국의 의술이 한국보다 낫지 않을까 생각하고 아내에게 원정 출산을 가라고 권유했습니다. 미국에 가서 아기를 낳으면 미국 시민권이 주어지니 고생스럽더라도 미국으로 가라고 하니 아내는 제 말만 믿고 출산을 위해 미국으로 간 것입니다.

이제 저는 모든 것을 내려놓겠습니다. 저의 재산도 주님을 위해서 다 쓰겠습니다. 이제 제 인생을 주님을 위해 온전히 다 드리겠습니다. 제 아기를 살리기 위해서 주님께 서원하는 것이 아니라 이렇게 부족한 나를, 아무짝에도 쓸모없는 나를 아직까지 주님의 종으로 기다리고 계신 그 분을 더 이상 기다리시게 할 수 없어서입니다."

아기의 아버지는 바로 신학교에 갔다. 아기의 첫 돌에는 노숙인들과 함께 큰 잔치를 벌였다.

아기 엄마에게서 "사모님! 우리 관용이가 음식을 씹지 않고 그냥 삼켜요. 어쩌면 좋아요?" 라고 전화가 온다.

"걱정 하지 마! 관용이 뿐 아니라 다른 아이들도 씹지 않고 그냥 삼켜도 다 잘 크고 있는 거야. 음식은 목구멍만 넘어가면 그 다음은 다 소화되는 거야."

두 돌이 지나고 세 살, 네 살…. 관용이는 무럭무럭 자라갔다.
관용이는 네 살 때 우리 아들의 결혼식장에 왔는데, 예식장을 운동장 삼아 큰소리를 지르며 뛰어다녔다. 건강한 개구쟁이 관용이는 올 봄에 초등학교에 입학했다. ❋

아직 끝나지 않았어

잔뜩 찌푸린 하늘에서 장대비가 내리기 시작했다. 창밖을 내다 보던 아들이 울먹이며 걱정을 늘어놓았다.

"이젠 다 틀렸어요. 아무래도 다음 학기에는 휴학해야 할 것 같아요. 이번 학기에는 성적이 안 좋아서 장학금도 못 받게 됐거든요."

눈물을 글썽이며 실망하는 아들을 나는 가슴에 꼬옥 안아 주었다.

"아들아! 실망하지 말아라. 주님은 아직 끝나지 않았어! 주님이 너를 도와 주실 거야."

"엄마! 그러면 주님께 비를 내리지 말아 달라고 기도해 주세요. 엘리야처럼요."

방학이 되면 아들은 초비상이 걸린다. 목사님의 적은 사례비로 여러 식구가 살아야 하는 어려운 가계 사정 때문에 아들들이 각자 자신의 학비를 마련해야 한다. 그래서 학기 중에는 죽도록 공부해서 반드시 장학금을 타야 한다. 또한 장학금으로 부족한 학비는 방학 중에 아르바이트를 해서 보태야 한다. 나는 여름 방학을 맞는 아들에게 안정적인 자리를 구하라고 권했지만 아들은 '아이스케키 장사'를 하겠다고 했다. 왜 하필 어려운 것을 택했냐고 묻자 아들이 당당하게 큰소리쳤다.

"엄마! 저는 제 능력에 관계없이 한 시간에 얼마로 제 능력이 정해지는 것이 싫어요. 그리고 같은 장소에서 같은 시간에 일하는 것은 다양한 경험을 얻을 수 없잖아요. 저는 무엇이든 도전하고 싶어요. 그리고 제가 장사하기로 정한 또 다른 이유는 인혁이 때문이에요. 인혁이네가 살림살이가 어렵잖아요. 인혁이도 아르바이트를 해야 하는데 나이가 어려서 일할 곳이 없대요. 그러니까 제가 인혁이를 동업자로 쓴 거예요. 엄마! 아무 걱정 말고 아이스케키 살 돈 십만 원만 제게 투자하세요. 제가 이 돈은 내일 바로 갚을 거예요. 이자만 원! 어때요? 알고 보니 이 장사가 수입이 짭짤해요. 곱으로 남거든요."

나는 선뜻 십만 원을 아들의 아이스케키 사업에 투자했다. 기대에 부풀어 아침 일찍 불암산을 향하여 떠났던 아들은 늦은 저녁 시간에 어깨를 축 늘어뜨리고 풀이 다 죽은 모습으로 집으로 돌아왔다.

"왜 그래? 어디 아프니?"
"엄마! 저 지금 죽을 것 같아요. 배탈이 났나 봐요. 열이 나고 설사를 해요."
"오늘 너무 무더웠지? 혹시 더위 먹은 것은 아니냐?"
"엄마! 저 무거운 아이스케키 통을 메고 불암산 정상 가까이 까지 올라갔어요. 중간에 목이 좋은 자리가 있었지만 이미 그 자리에는 장사하는 사람들이 있었고 텃세가 심했어요. 우리는 다투기 싫어 피하고 쫓겨서 피하여 올라가다보니 높이 올라간 거예요. 첫 번째 손님이 왔어요. 이런! 단 원짜리를 내밀잖아요. 아차! 싶었지요. 제가 경험이 없다 보니 엄마가 준 든 십만 원으로 물건을 다 샀지 뭐예요? 거스름돈을 안 남긴 거예요. 만 원짜리 손님은 거스름돈이 없어 못 팔고 또 든 없는 아버지는 아이스케키 사달라고 울어대는 아들을 때리니 저와 인혁이가 번갈아가며 그 아이들 손에 돈도 안 받고 아이스케키를 쥐어주기 바빴지요. 아침 일찍 나갔더니 점심때가 되기도 전에 배가 고파왔어요. 김밥이라도 사 먹으려면 산 밑에 내려와야 하잖아요. 그래서 아이스케키로 배를 채웠더니 설사를 하네요. 엄마! 비가 오면 어떡하지요? 몇 개 팔지도 못했는데….”

온종일 이런 일 저런 일로 몸 고생, 마음고생을 다 한 아들은 기상예보대로 비가 올까봐 하늘만 쳐다보고 있었다. 그러나 원망스러운 그 장맛비는 그 날 저녁부터 닷새 동안 쉬지 않고 내렸고 그 비에 아들의 다음 학기 납부금의 꿈도 처참히 쓸려 내려갔다. 신바람 나던 아들은 말이 없어졌고 그 해 여름 방학 내내 음식점에서 손에 습진이 생기도록 접시도 닦고, 건설 현장에서 벽돌도 나르고, 호텔에서 음식을 나르기도 했다. 그렇게 쉬지 않고 일했지만 납부금의 반도 마련하지 못한 눈치였다.

방학이 보름 남짓 남았을 어느 날, 아들은 환호성을 지르며 집으로 달려왔다.

“엄마! 됐어! 됐어요! 다음 학기에 등록할 수 있게 됐어요. 저 오늘부터 호텔에서 피아노 반주를 하게 됐어요. 반주하던 사람이 연락도 없이 갑자기 나타나지 않았어요. 급히 반주자를 찾아야 하는 지배인에게 저와 함께 일하는 친구들이 제가 피아노를 잘 친다고 추천했어요. 그래서 제가 그 반주자를 대신해서 피아노를 쳤는데 엄마의 멋진 이 아들이 맘에 들었나 봐요. 앞으로 15일 동안 계속 하래요. 그런데 엄마! 제 일당이 얼마인 줄 아세요? 하루에 십만 원이에요. 야호! 이젠 학비 끝!”

아들은 두 팔을 활짝 벌리고 어안이 벙벙해 있는 나를 안아주며 익살을 떨었다.

"엄마! 엄마 말씀이 맞았어요. 주님은 아직 끝나지 않았어요."

아들과 나는 우리 힘으로 어떻게 해 볼 수 없는 불가항력적인 곤경과 고난이 올 때마다 손을 붙잡고 "주님은 아직 끝나지 않았어요!"라고 외치며 서로를 격려하고 일으켜 세워준다.

우리의 삶의 모든 것은 하나님 나라에서 주님 앞에 서는 그 때에라야 진정한 끝인 것이다. 그래서 내 인생의 최상의 절정에서도 교만하지 말아야 하고 내 인생의 최악의 늪에서도 절망하지 말아야 한다. 왜냐하면 현재 내 눈 앞에 펼쳐진 그것이 아직 끝은 아니기 때문이다. ❀

성의

　"다음 순서로 성의 착의가 있겠습니다." 사회자의 순서 소개에 맞춰 안수를 받는 목사님들은 준비해 온 성의를 꺼내기 시작했다.

　오늘은 나의 큰아들이 목사 안수를 받는 날이다. 안수식이 있는 오늘 새벽, 나는 병원에 계신 어머니를 먼저 만나고 왔다. 어머니에게는 꿈이 있었다. 그것은 어머니의 허리에서 나오는 자손들이 대를 이어 주의 종이 되는 것이었다.

　어머니는 딸 둘을 낳고 아들을 낳았다. 그 아들을 주의 종으로 서원하고 어려서부터 말씀과 기도로 양육하였다. 그러나 애석하게도 6·25 전쟁 중에 아들을 잃었다. 아들을 잃은 슬픔도 컸지만 더욱 큰 슬픔은 어머니의 꿈이 산산이 부서진 것이었다. 피난 후 어머니는 다시 기도하기 시작했다. 주님께 헌신할 아들을 달라고…. 그러나 또 딸을 낳았다. 다시 아기를 잉태한 후 어머니의 각오는 단호해서 아들이든 딸이든 이 아이를 주님께 헌신하도록 기르겠다고 약속했다. 어머니의 약속을 받는 증거로 이 아기를 끝으로 단산하게 해 달라고 기도했다.

　'이 정도의 기도이면 아들을 주시겠지….'

그러나 열 달 후 어머니는 아들이 아닌 딸을 낳았다. 그리고 어머니는 기도한대로 더 이상 아기를 잉태치 못했다. 그래서 나는 어머니의 막내딸이었고 어머니의 새로운 꿈이었다. 어머니는 내 귀가 열리기 시작할 때부터 나에게 성경 말씀을 알려 주었고 말씀을 암송하도록 가르쳤다.

추운 겨울 새벽, 어머니를 따라 새벽기도를 가야 했다. 어머니는 난로의 불이 다 사위어 예배당이 얼음장처럼 추워질 때까지 기도하셨다. 나는 초등학교 5학년 때 너무 추워서 "하나님! 우리 엄마 기도 좀 빨리 끝나게 해주세요! 빨리 끝나게 해주세요!" 하다가 방언을 받았다.

어머니는 내가 신학을 하고 목사에게 시집을 가서 목회자의 아내가 되거나 결혼을 하지 않고 독신으로 주님께 드려지는 주의 종이 되기를 소원하셨다. 그런데 내가 예수를 믿지 않는 남편을 만나 결혼을 했을 때 어머니는 우리 집 4층 옥상에 기도의 자리를 마련하고 하루도 빠짐없이 십 년 동안 밤낮을 가리지 않고 기도하셨다. 그 후 결혼 십 년 만에 나의 남편이 예수를 믿게 되었고 신학을 하고 목회자가 되었으니 어머니의 기쁨은 이 세상 어떤 것과도 바꿀 수 없었다.

오늘 새벽 병상에 누운 어머니는 나에게 어머니의 입술에 귀를 대라고 손짓했다. 어머니는 야윈 얼굴에 눈물을 흘리며 작은 목소리였지만 있는 힘을 다해 분명하게 말씀하셨다

"나는 내 소원을 다 이루었고 주님은 나에게 하신 약속을 다 지키셨다. 내 생전에 성일이가 목사 안수를 받는 것을 볼 수 있게 해 주신 주님을 찬양한다. 내 딸의 아들이 목사가 되었어."

그런데 그 감격스럽고 자랑스러운 내 아들의 목사 안수식에 성의를 준비하지 못한 것이다. 한 줄기 바람처럼 깊은 후회가 스치고 지나갔다.

"나도 참 무심하지. 비록 어머니 병원에 다니랴 노숙자 사역하랴 바쁘기는 했지만 다른 목사님들은 모두 새 가운을 준비 했는데 우리 아들은 아버지가 입던 헌 가운을 입혀야 하다니 이래가지고 어찌 어미라 할 수 있나…."

부스럭 부스럭 소리를 내며 비닐봉투 속에서 꺼낸 성의는 남편이 20년을 입은 옷이어서 보푸라기가 일어나 있고 앞깃이 다 닳아 있었다. 나는 그것을 아들에게 입히기가 미안해서 잠깐 기도를 했다.

"주님! 어미가 준비성이 없어서 오늘같이 축복된 날에 아들을 실망시키게 되었어요."

그 때 주님이 말씀하셨다.
"그 성의는 이십 년 전에 너의 남편이 입은 옷이고 오늘 너의 아들이 입을 것이고 그리고 그 후에 아들의 아들이 입을 것이다."

그 말씀을 들으니 천덕꾸러기 같았던 낡은 성의가 보물처럼 여겨졌다. 나는 남편이 입었던 낡은 성의를 가슴에 안고 아들에게 다가갔다. 다른 목사님들 사이에서 민망한 듯 얼굴을 들지 못하고 서 있는 아들에게 나는 성의를 입혀주고 아들을 가슴에 안으면서 말했다.

"이 성의는 이십 년 전에 너의 아버지가 입은 옷이고 오늘 주님의 신실한 종 내 아들 성일이가 입을 것이며 이 후에 너의 아들이 이 성의를 입을 것을 축복하노라." 나의 눈과 아들의 눈에서 똑같이 뜨거운 눈물이 흘러내렸다.
 아들은 울먹이며 화답했다.
 "아멘!" ✿

몽땅 털기

총신대학 신학대학원 3학년 졸업반이었던 아들에게 미국 유학을 가도록 권면했다. 아들은 단호히 거절했다. "어머니! 교회가 여러모로 어려우니 제가 교회를 도와야 하잖아요. 그리고 유학을 하려면 얼마나 돈이 많이 들 텐데 그 비용을 어떻게 감당하려고요."

나는 다시 설득했다.

"교회의 주인은 주님이시니 주님께 맡기고 너는 모든 족속으로 제자를 삼으라는 주님의 말씀에 순종하기 위해서 미국으로 가야 한다. 네가 학위를 받고 유명해지고 성공하라고 미국에 가라는 것이 결코 아니다. 우리가 선교를 위해서 세계 모든 민족을 배워야 하는데 미국처럼 좋은 나라는 없다. 미국이라는 나라는 한 나라에 전 세계 모든 민족이 다 와 있기 때문이다. 그 곳에서 각 나라 각 민족을 배우고 그들의 문화와 언어를 배우고 그래서 전 세계 어떤 민족 어디로 보내도 복음을 전할 수 있는 강한 주님의 군사가 되어야 한다. 네가 미국에 가야하는 이유는 바로 민족을 배우기 위함이다. 전 세계 복음 전파라는 것만 바라보고 네 닻줄을 끊어라! 닻줄을 끊어내야 너는 망망한 대해로 항해할 수 있는 것이다."

그 날부터 아들은 엉덩이에서 땀띠가 나도록 토플 공부를 했고 그 이듬해

강도사 시험에 합격한 후 미국 유학길에 올랐다.

아들은 나의 믿음의 언니인 뉴저지 연합 감리 교회의 나영자 사모님이 맡아 주었다. 나구용 목사님과 나영자 사모님은 내가 서울역 노숙자들을 돌보는 일을 하고 있으니 함께 동역하는 마음으로 내 아들을 돌봐 주시겠다는 것이다.

미국에 도착한 아들이 첫 메일을 보내왔다.

"어머니! 낯선 땅 미국에 잘 도착했습니다. 공항에 마중 나오신 목사님과 사모님의 인도를 받아 집에 도착했고 정갈하게 꾸며 놓은 제 방에 들어와 주님께 감사 기도를 드렸습니다. 제가 한국에서 떠날 때 하나로 교회 성도들이 서로 서로 모아 2,000달러를 주셨습니다. 이 돈은 저의 전 재산이고 앞날에 대한 비상금이지만 내일 교회에 가서 다 헌금하려고 합니다. 제가 믿음이 커서 그런 생각을 한 것이 아니고 우선 이 돈을 쓸 데가 없습니다. 이 돈으로는 집을 얻을 수도 없고 학비로 쓰기도 턱없이 부족합니다. 그러니까 주님께 몽땅 털어드리고 앞으로 저를 책임져 달라고 하는 것이 훨씬 나을 듯싶어서 입니다."

그 이후 아들에게는 놀라운 일이 일어났다. 성도님들 중에 아들의 학비를 돕겠다는 분이 나섰고 아들의 생활비를 돕겠다는 분도 나왔다. 생활이 안정되자 아들에게서 또 메일이 왔다.

"어머니! 한국에서는 교회 일로 눈코 뜰 새 없이 바빴는데 이곳에서는 이미 포지션이 다 정해져 있어서 제가 일 할 곳이 없습니다."

나는 답장을 보냈다.

"일 할 곳이 없다니! 교회에서 정해진 포지션이 없을 때 오히려 마음껏 일할 곳이 많은 것이다. 전 세계 60억 인구는 우리가 죽을 때까지 일해야 하는 변치 않는 주님의 사역 대상이다."

아들은 교회에서 잃어버린 청년들을 다시 찾으리라고 마음먹고 있는 중이었는데 한 장로님이 다가와서 메모지를 한 장 주며 이런 부탁을 했다.

"전도사님! 우리 아들이 뉴욕 이 주소에 살고 있습니다. 미국에서는 아이들이 대학에 들어가면 독립을 해서 나가는데 집에서만 독립을 하는 것이 아니라 교회에서도 독립을 하고 맙니다. 집에서 나간 후 교회에 안 다니고 있습니다. 목사님께서 아들이 교회에 잘 나가고 있느냐고 물으면 그렇다고 대답은 하지만 그 때마다 나는 아주 착잡해집니다. 그러니까 전도사님이 제 아들을 한 번 만나 주세요."

그렇게 건네받은 주소를 따라 찾아가보니 장로님의 아들은 "교회는 어렸을 적 부모님의 강요로 나간 것이지 나와 아무 상관이 없다"고 했고 게다가 술과 마약에 찌들어 가고 있었다.
아들은 기도했다.

"주님! 저 아이의 영혼을 저에게 맡겨 주십시오. 저는 저 아이를 반드시 주님 앞에 데려다 놓아야 합니다. 저 아이가 미국에서 맡은 저의 첫 번째 사역입니다. 저 아이를 주님 앞에 데려다 놓지 못한다면 앞으로 저는 목회도 못할 것입니다. 저는 이 아이에게 제 인생의 목회 사명을 걸겠습니다."

그런 비장한 각오로 그 아이를 열 번도 더 찾아가 전도함으로 그가 교회에 다시 오게 되었다. 그 아이가 교회에 다시 돌아온 후 아이의 아버지는 자신과 똑같은 고민을 하고 있는 교회 친구들에게 말했다.

"그렇게 고민하지 말고 이 전도사에게 아이의 주소를 줘. 그 전도사와 만나면 백발백중이야."

아들은 교회를 떠난 성도님들의 아이들 주소를 받아 계속 찾아다녔고 교회를 떠났다 다시 돌아온 학생들을 모아 옅은 찬양 예배를 시작하였다. 이젠 교회에서도 정식으로 전도사로서의 사례비를 받게 되었다.
또한 기업을 하는 장년부 성도들이 아들에게 성경공부를 하겠다고 요청하였고 그 모임에서도 사례비를 받게 되었다. 나는 이제야 아들이 공부하는 것도 미국에서 생활하는 것도 안정이 되었다며 겨우 마음을 놓았다.
그런데 다시 아들에게서 청천 벽력같은 메일이 왔다.

"어머니! 저는 내일 무조건 이 뉴저지를 떠납니다. 이곳에서는 제가 너무 받는 것이 많아서, 수입이 풍족하여 영육간에 살이 찝니다. 그래서 아두도 나를 아는 이 없는 미시건으로 떠나려 합니다. 그 곳에서 매일 하나님을 단나는 체험을 하겠습니다."

아들은 또 한 번 몽땅 털기를 하고 자동차로 수십 시간을 달려 미시건을 향해 갔다. 뉴저지에서는 새벽기도가 끝나자마자 융숭한 아침식사가 준비 되었었는데 미시건에서는 아침에 2달러짜리 밥을 사서 반으로 나누어 먹고 반은 남겨 놓았다가 점심때 먹고 저녁은 먹는 날 못 먹는 날이 반반이라고 말하는 아들은 하루 음식비 2달러로 버틴다고 했다.
그러나 그 말을 하는 아들은 조금도 힘들어 보이지 않았다.

주님을 매 순간 만나는 기쁨으로 늘 행복한 목소리였다. 주님을 매 순간 만나는데 가장 빠른 길은 몽땅 털기니까 말이다. ❋

너 하나님의 사람아!

결혼을 하고 보니 시댁에는 예수 믿는 사람이라고는 한 사람도 없었다. 어디 그 뿐인가. 나는 종갓집 맏며느리였다. 어머니는 제사 날짜가 까맣게 적혀 있는 종이를 내밀며 내가 시집와서 할 일 중 가장 중요한 일은 제사라고 하였다.

"어머니! 저는 예수님을 믿기 때문에 제사를 드릴 수 없어요. 제기도 만질 수 없고 제물도 만들 수 없어요. 그러나 제사는 안 지내지만 제삿날이 아닌 다른 모든 날들은 아내로서 며느리로서 진심을 다하여 남편과 부모님을 섬기겠습니다."

어머니는 내가 제사 일을 빼고는 다른 것은 마음에 흡족하다면서 내 의견을 들어 주었지만 친척들은 사업이 망한다든지 가족 중에 누가 병이라도 나면 종갓집에 예수 믿는 며느리가 잘못 들어와 액이 꼈다면서 그 근원을 나에게 돌렸다. 심지어 우리 집안이 망하지 않으려면 이혼을 시켜야 한다고까지 했다. 어머니는 속상해서 나를 달래도 보고 애원도 하고 야단도 쳐 보셨지만 아무 효험이 없자 지쳐서 포기하셨다.

"너는 여자니까 제사에서 빼 줄 테니 우리 집 장손은 조상님께 절을 잘 하게 해야 한다. 어려서부터 제사 드리는 것을 가르쳐라."

시댁식구들이 이렇게 단단히 벼르고 있는 가운데 첫 아들이 태어났다. 그러나 나는 아들이 말을 배우기 시작하는 첫 돌 때부터 성경을 가르쳤다. 나는 아들에게 "너는 하나님의 사람이다. 하나님의 사람이 사는 법은 성경 말씀을 생명처럼 지키며 사는 것이다"라고 가르쳤다.

모세의 부모는 만약 아들을 낳으면 하수에 버리라는 왕의 명령을 따르지 않고 아들을 낳은 후 죽이지 않고 숨겨서 기른다. 그러나 석 달이 지나면서 더 이상 아기를 숨겨서 기를 수 없게 되자 갈대상자에 넣어 강에 띄운다. 나는 이 대목을 읽으면서 어찌 이런 무모한 일을 할 수 있단 말인가? 갈대 상자가 바람에 기우뚱하기만 하면 아기가 물 속으로 빠지는 것은 순식간에 일어날 일이고, 모세를 발견한 사람이 히브리 아이라고 군인들에게 신고하거나 아기를 주워가지 않는다면 아주 작은 실수에도 아기가 죽게 되는데…. 사람의 하는 일이란 이렇게 무모하고 어설프고 위험천만하다. 그러나 주님은 그 부족한 행동이 하나님을 믿는 믿음으로 행하였다면 모든 것을 합력하여 선을 이루신다. 모세의 어머니의 어설픈 행동에도 하나님의 한 치 오차도 없는 도우심이 우리를 놀라게 한다.

모세의 어머니는 유모가 되어 애굽에서 가장 안전한 왕궁에서 자기 아들을 기르게 된다. 모세의 어머니는 어떤 심정으로 아들을 교육시켰을까? 모세가 젖을 뗄 때까지만 키울 수 있었으니 네 살 이전에 끝내야 하는 아들의 교육을 온통 하나님을 가르치는 데 쓰지 않았을까?

나 역시 모세의 어머니와 같은 절실한 심정이 되었다.

아들이 다섯 살 되던 해 설날 아침이었다. 어린 아들은 설날 아침이 신나고 즐겁지 않은 모양이다. 설빔을 입혀줘도 좋아하지 않고 묻는다.

"엄마! 어떻게 해야 제사 때 절을 안 할 수 있을까요?"

제사상이 차려지고 문중의 남자들이 방안에 가득했다. 이제 제사가 시작되려나보다 하고 조마조마 하고 있는데 누군가 외쳤다.

"아니, 우리 문중의 장손이 어디 갔지? 안보이잖아요. 어디 가서 숨어 있나

봅니다. 우리 다 같이 나가서 장손을 찾아옵시다."

어른들만 절을 해도 자리가 비좁을 정도로 많은데 다섯 살짜리 아이 하나 없어졌다고 동네를 발칵 뒤집어 찾아 나서다니…. 아들이 제발 발각되지 말아야 할 텐데….

그러나 아들은 멀리 도망도 못 가고 슈퍼마켓 옆 나무 옆에 숨어 있다가 결국 어른들의 손에 끌려와 제사상 앞에 세워졌다. 삼촌 둘이 억지로 아들의 머리를 눌러 절하게 하자 아들은 소리쳤다.

"하나님! 나 절하는 것 아니에요. 하나님! 나 절하는 것 아니에요. 삼촌들이 목을 눌러서 어쩔 수 없이 숙여진 거예요. 하나님! 나는 어른이 되면 이 제사를 없앨 거예요. 설날이 하나님께 예배드릴 거예요." 아들은 칼버둥 치면서 엉엉 울었다.

그 아들은 예수 믿는 사람이 한 사람도 없는 애굽과 같은 생활환경 속에서 하나님의 사람으로 잘 자라서 목회자가 되었다. 지금은 설날이 되면 문중 식구들이 모인 자리에서 예배를 인도한다. 삼십 년 전 아들의 목을 눌러 억지로 절을 시키던 숙부님은 이젠 장로님이 되었다. 설날이면 목사, 장로, 권사, 집사들로 가득 찬 우리 집안은 이제는 예수 믿지 않는 사람이 한 사람도 없는 집안이 되었다.

"생명을 내 놔야 하나님의 말씀을 지킬 수 있거든 기꺼이 생명을 내놓아라. 집안이 구순하자니 어쩔 수 없었다고 하면서 제사 지내지마라. 하나님의 말씀을 지키지 못할 어쩔 수 없는 상황이란 이 세상에 없다. 네가 하나님의 말씀을 생명을 다해 지키든 한다면 하나님이 반드시 너를 지켜주실 것이다. 내 딸아! 너는 하나님의 사람이다!"

예수 믿는 사람이 한 명도 없는 집으로 시집가던 날, 나의 어머니가 내 손을 잡고 눈물로 당부하신 말씀이었다. ❀

나보다 더 무겁느냐?

눈코 뜰 새 없이 바쁜 주일의 빡빡한 일정 속에서도 나의 귀는 전화기를 향하여 항상 열려 있다. 군대에 간 아들이 전화하는 때를 맞추어 받아야하기 때문이다. 보통 주일 낮 어떤 시간에 휴대폰을 잠깐 나누어 주고 전화를 하게 하는 듯했다. 때론 토요일 저녁 시간일 때도 있지만 거의 주일 늦 시간대가 많다. 아들에게는 한 주간 동안 기다렸다가 잠깐 통화할 수 있는 시간인 것이다. 나는 그 시간에 아들과 어긋나지 않게 마음과 관심을 쏟는다. 그런데 오늘은 다른 때보다 일찍 통화 시간이 주어지는 바람에 아들은 수없이 나에게 전화를 했지만 통화를 하지 못했다. 그러다가 휴대폰 반납 5분을 남겨 놓고 극적으로 통화가 되었다.

"그냥 앉아 있어도 땀이 흐르는데 무더위에 얼마나 힘드니?"
"엄마! 이 주일엔 30킬로그램 군장을 메고 산을 오르는 훈련을 했어요. 얼마나 무겁던지 아무 말도 할 수가 없었어요. 35도 이상 되는 온도에 땡볕이 내리쬐는데 땅의 지열이 얼마나 뜨거운지 숨이 막힐 지경이었어요. 그리고 요즈음 땀띠가 났는데 계속 더우니까 살갗이 벗겨져 피가 나고 있었지요. 다른 친구들도 너무 힘든지 한 마디 말도 없었어요. 오직 발소리만 무거운 침묵을 깨고 들려 왔지요.

저는 너무 무겁고 힘이 들어 속으로 이렇게 외쳤어요. '너무 무거워요! 주님! 너무 힘들어요!'라고. 그랬더니 무거운 십자가를 지고 가시는 주님이 제 앞에 계신 거예요. 제 마음에 '나보다 더 무겁느냐?'라고 주님의 음성이 들려왔어요. 저는 그 물음에 눈물이 쏟아졌어요. 저는 이렇게 고백했지요.

'아니요! 주님! 주님의 십자가와는 비교도 안돼요. 저는 주님처럼 살점이 다 떨어져 나가도록 채찍에 맞지도 않았어요. 밤새 빌라도 법정에서 고문을 당하지도 않았어요. 머리에 그 무섭고 고통스런 가시가 찌르고 있지도 않아요. 제 군장의 무게는 주님의 십자가와는 절대 비교도 안돼요!'

이렇게 고백하고 나니 군장의 무게가 하나도 무겁게 느껴지지 않았고 가슴 깊숙한 곳에서부터 찬양이 흘러나오는 것이었어요. 저는 찬양을 부르며 산을 올라갔어요.

도우시는 하나님이 네게 그늘 되시니
낮에 해와 밤에 달이 너를 상치 않겠네~.

제가 잔잔히 찬양을 부르기 시작하자 힘들게 땀을 흘리며 산을 오르던 훈련병들이 하나, 둘 찬양을 따라 부르기 시작했어요. 온 산이 찬양으로 가득했어요. 더구나 이번 훈련은 한 명도 낙오자가 없이 모두 다 잘 마친 훈련이 되었어요!" ✽

별명

24일인 금요일부터 이미 추석연휴가 시작되었다. 거리의 움직임이 다르다. 어린아이처럼 설레어 밤을 지새우며 25일을 기다렸다. 그것은 군대 간 아들이 4박5일 휴가를 오게 되었기 때문이다. 얼굴이 새까맣게 그을린 아들이 현관에 들어섰다. 내가 안아 주겠다고 두 팔을 활짝 벌렸더니 나에게 안기기는 커녕 오히려 나를 덥석 안아준다. 10킬로그램 이상 **빠진** 아들의 등을 어루만지며 그리웠던 아들을 맞이했다.

그런데 군복을 벗고 트레이닝복으로 갈아입는 아들의 다리가 **빨갛게** 쓸려 있다.

"여기가 왜 그러니?"

"엄마! 걱정 마세요. '네가 진짜 그리스도인이야!'라고 공인된 표예요."

"뭐? 진짜 그리스도인 표?"

이번 유격훈련을 받기 위해 일주일 동안 다른 곳으로 이동했어요. 그 곳에서 샤워를 하고 나서 보니 제 트레이닝복이 없어졌어요. 윗옷은 번호와 이름이 적혀 있어서 그런지 없어졌다가 다시 돌아왔는데 바지는 누군가 훔쳐간 거예요. 누군가 옷을 잃어버리면 계속 다른 생도들의 옷을 훔치는 행위가 이어져요.

저도 다른 생도들처럼 옷을 훔쳐서 제 관물을 채워 놓을 것인가? 저는 그 일로 기도해 보았어요. 주님은 당연히 훔치지 말아야 한다고 응답해 주셨지요. 그래서 저는 일주일동안 땀으로 젖어 있는 군복바지 하나만을 입고 견뎠어요.

트레이닝복을 입으면 운동화를 신어도 되지만 군복 바지를 입으면 항상 군화를 갖추어 신어야하기 때문에 불편하기 이를 데 없었지만 다른 생도의 트레이닝복을 훔치는 것은 용납될 수 없었지요. 훈련생 전원이 제7- 그리스도인인 줄 알고 있는데 주님의 말씀대로 살아야 하잖아요.

첫 날은 다른 생도들이 저에게 와서 "너도 옷 하나 훔쳐! 군대에선 그것이 법이야. 일주일을 트레이닝복으로 갈아입지 못하고 군복만 입고 지내면 네 살갗이 다 상처날거야. 군대에선 훔치지 못하는 것이 오히려 바보야!"라고 저에게 훔칠 것을 종용했지요.

그러나 어머니!

제가 훔치면 옷을 잃어버린 다른 생도가 또 훔칠 것이고, 훔치는 행위가 계속될 것이 아니겠어요? 부정하고 더러운 행위를 모든 생도들이 경험하게 만드는 것이고 그 행위가 정당하다고 여기게 되는 것이 더 무서운 일이라 그 행위가 계속되는 것을 어찌하든지 제 선에서 막아야 하잖아요.

처음 2~3일은 저를 조롱하고 손가락질 하는 훈련병들이 많았어요. 그들의 야유하는 소리와 눈길을 따갑게 받았지요. 그러나 하나님의 법은 정결하고 완전하지요. 일주일 내내 땀에 찌든 뻣뻣한 군복 바지 하나로 지내는 나에게 다가와 생도들이 뭐라고 말한 줄 아세요?

"네가 진짜 그리스도인이야! 네가 진짜 하나님 믿는 사람이야! 우리들은 과연 네가 어떻게 할 것인지 일주일 내내 지켜보았어! 너를 존경하고 니가 믿는 하나님을 존경해!"라고 하더군요.

어머니! 저는 오백 명이 넘는 그 생도들이 제 앞에서 숙연해지는 얼굴을 보았어요. 그들 중에는 저의 상처에 바르라고 연고를 가지고 오는 사람도 있었고 부대에 도착하자마자 트레이닝복을 사다 준 생도도 있어요. 이천 명이 넘는 생도들이 저에게 붙여준 별명이 "너는 진짜 그리스도인!"이예요.

나는 일주일동안 군복 바지 하나로 지내느라 살갗이 다 짓무른 아들의 다리 때문에 눈물이 났고, 지킬 수 없는 중에 주님의 말씀대로 살고자 했던 아들의 신앙이 자랑스러워 눈물이 났다.
아들의 다리에 연고를 발라주면서 말했다. "너는 진짜 그리스도인이야! 잘했다! 내 아들!"
그 때 남편과 눈이 마주쳤는데 아니 남편도 나처럼 울고 있는 것이 아닌가! ❈

가난의 기쁨

목회자는 가난을 기뻐하며 살아야 한다. 아이들이 한창 커 갈 그 때, 남편의 사례비는 심방비, 책 구입비, 자녀 교육비 등을 모두 합해 백만 원이었다. 그 돈을 가지고 여섯 식구가 생활해야 했다.

어떤 부모님들은 자식에게 가난을 보이지 않으려고 한다. 빚더미에 앉아 있으면서도 자식이 원하는 모든 것을 공급해 주려고 애쓴다. 그러나 나는 자녀들과도 생활의 모든 것을 함께 의논하고 나누어야 한다고 생각한다. 왜냐하면 가족이니까.

"아빠가 한 달 동안 목회 일을 열심히 하셔서 교회에서 백만 원을 사례비로 받으셨단다. 우리 모두 아빠의 건강을 지켜주신 주님께 감사하고 또 아빠에게 감사하자."

아이들은 손을 모으고 감사의 기도를 한다.

"먼저 십일조와 감사헌금으로 얼마를 하면 좋겠니?"

아이들은 "이십만 원이요!" 미리 준비한 것처럼 한입으로 합창을 한다.

"그래! 헌금으로 이십만 원 제하고 나니 팔십만 원이 남았구나."

전기요금, 수도요금, 관리비, 전화요금 등 각종 요금 고지서를 내보이면서 아이들과 합산한다.

"와! 이십만 원이 넘네요."

아이들은 걱정스러운 눈빛으로 이제 반 밖에 안 남은 돈으로 한 달을 살아가야 하는 것을 알게 된다. 그러면 일부러 시키지 않아도 전깃불도 끄고 수돗물도 아끼고 적은 돈을 가지고 음식을 장만하는 엄마의 수고를 알게 되어 반찬 투정도 하지 않는다. 그리고 돈이 없어서 아이들의 필요를 다 공급해 줄 수 없기 때문에 저녁마다 가정 예배를 드릴 때 주님께 부탁하게 된다.

대학 입시를 준비해야 하는 큰아들은 학원은 생각도 못하고 참고서 하나 제대로 사지 못하고 있으니 디딤돌 같은 시험지를 볼 수 있으면 좋겠다고 한다. 막내아들 웅이는 발이 커져서 새 운동화가 필요하단다. 우리는 각자의 필요한 것을 내놓고 온 가족이 합심기도를 한다.

"주님! 성일이는 디딤돌 시험지를 보게 해주시고, 웅이는 발에 맞는 운동화가 필요합니다."

그 이튿날 새벽기도를 다녀온 아침에 막내아들 웅이가 "엄마! 저 응답 받았어요" 크게 소리치면서 무언가를 가슴에 안고 왔다.

"엄마! 아침에 우리 아파트 밑에 가 봤더니 누가 이 운동화를 버렸어. 이것 봐 엄마! 내 발에 딱 맞지? 주님이 어젯밤 내 기도를 들으시고 운동화를 아파트 쓰레기통에 갖다 놓으셨어."

학교에 다녀온 큰 아들은 "엄마! 저 어제 저녁 기도 응답받았어요. 우리 반 친구 어머니가 디딤돌을 비롯해서 시중에 나와 있는 세 가지의 시험지를 다 하게 했는데 자기는 한 개도 못할 것 같다면서 저더러 자기 이름으로 써주고 시험지를 하라고 하네요. 이름이 누구면 어때요. 공부만 하면 되지요."

심청이 젖동냥하듯 친구들이 버린 시험지를 받아서 공부한 아들. 가난이라는 견고한 토양에서 주님께 공급 받는 법을 배우며 자란 아들들은 알래스카, 아프리카, 남극, 북극… 이 세상 어느 곳에 있든지 아무 것도 두려워하지 않는다.

이 세상 모든 것을 다 소유하고 있어도 하나님 없으면 다 없는 것이고 이 세상 아무 것도 가진 것이 없어도 하나님 계시면 다 소유한 것이기 때문이다.

미국 교육 기관에서 아이들에게 성경공부를 가르치고 있는 막내아들이 나에게 전화를 했다.

"엄마! 아이들에게 하루에 한 시간 반씩 성경공부를 가르치고 있는데 여자 숙소와 남자 숙소가 떨어져 있고 거리가 너무 멀어요. 한 시간 반씩 두 번 하고 나면 다섯 시간이 소요돼요. 그래서 매일 성경을 가르치지 않고 하루는 여자를 가르치고 하루는 남자를 가르쳐서 이틀에 한번 세 시간을 해서 이틀 치를 한꺼번에 성경공부 하는 것으로 하면 어떨까요?'

"아 그러세요? 우리 웅이도 매일 밥을 먹으려면 시간도 많이 걸리고 준비할 것도 많아지니 이틀에 한 번 이틀 치를 한꺼번에 먹는 것은 어떨까요?"

아들은 금방 내 속내를 알아차린다.

"알았어요. 엄마! 아이들에게 하루도 빠짐없이 매일 매일 성경공부 잘 가르칠게요. 히히."

다른 사람이 버린 헌 운동화를 주님의 응답으로 가슴에 안고 행복하게 뛰어오던 아들!

웅이도 한 번쯤은 새 운동화를 신고 싶었을 텐데….

비록 친구들에게 자랑할 수 있는 이름있는 메이커 상품은 아니더라도 엄마가 시장에 들러 아들의 발 치수를 헤아리며 고르고 골라 사들고 온 새 운동화를 신고 싶었을 텐데….

이젠 27센티미터로 훌쩍 커버린 아들의 발을 볼 때마다 나는 지금도 코끝이 찡하게 저려온다. 그 아들은 지금 미국 필라델피아에서 신학을 공부하고 있다. 아들은 가난을 기뻐하며 살고 있다.

가난한 자는 매 순간 주님께 무엇이든지 공급 받을 수 있는 최고의 특권층인 것을 행복해 하면서 말이다. ❀

성경 여름방학 vs. 영어 여름방학

학교마다 여름 방학을 했다. 구역 예배를 드리러 성도님의 집을 방문했다. 이 가정은 결손 가정이다. 아이들의 어머니가 가출을 했고 얼마 후 이혼을 했다. 그래서 아들 하나 딸 하나가 할머니 손에 키워지고 있다. 요즈음 이런 결손 가정은 우리 주변에 너무나 많다.

예전엔 이혼할 때 부부가 서로 아이들을 자신이 기르겠다고 하다가 주로 엄마와 같이 살게 되는 경우가 많았는데 요즈음은 거의 엄마 없이 아빠와 살고 있다. 아니 엄마와 아빠가 서로 아이들을 맡지 않으려고 이상한 힘겨루기를 한다.

이 할머니는 그 아이들의 어머니 자리를 맡아서 죽기까지 목숨 걸고 하는 일이 있는데 그것은 아이들을 각종 학원에 보내는 일이다.

내가 그 집에 도착한 시간은 오후 3시경이었는데 초등학교 3학년인 그 할머니의 손녀는 이미 영어 학원을 다녀왔고 냉장고에서 주스 한 컵을 꺼내 먹고는 컴퓨터 학원을 간다고 했다.

할머니는 손녀를 학원에 보내는 것이 가장 어렵다고 한다. 몇 가지 학원에 다니고 있는데 가기 싫다고 매 시간 실랑이를 벌인다는 것이다. 나는 그 아이가 불쌍한 마음이 들었다. 왜 이렇게 많은 학원을 다녀야 하는지조차 알 수 없지만 그래도 학원을 보내야만 한다는 할머니도 애처로웠다. 그 학원 시간들을 다 기억하는 것은 할머니로서는 얼마나 어려운 일일까? 학원 보내면서 엄청난 교육비를 자식을 위해 쓰는 것으로 혹시 그의 아빠가 엄마 없는 자식에 대한 책임과 사랑을 대신하려는 의도가 있을까보- 염려가 되었다.

나는 나의 여름방학을 생각해 보았다. 나의 어린 시절에는 아침에 방학 과제 한 페이지를 하고, 곤충 채집, 식물 채집을 하고 친구들과 재미있게 뛰어 놀고 집에 돌아오면 어머니는 나에게 성경을 쓰고 암송하게 했다. 평소에는 아침, 점심, 저녁 끼니 식사를 하듯 하루 성경 3절을 공부했는데 방학 기간에는 하루에 성경 한 장을 공부하게 했다. 그 때는 어머니의 처사가 부당하게 생각되었다. 그 시간에 내가 다른 것을 배우거나 공부를 하면 더 훌륭하고 뛰어난 사람이 될 텐데 어머니는 여름 방학만 되면 집중적으로 가르치는 것이 기도와 성경이었다.

그러나 그것은 내 인생을 인도하는 밝은 등불을 준비해 주신 것임을 나중에야 알게 되었다. 어머니의 성경의 가르침은 내 인생의 어려운 굽이마다, 내가 실망하고 좌절하여 쓰러질 때마다 주님의 확실한 음성이 되어 나를 일으켜 세워주고 다시 걷게 하게 하는 나의 빛이요 나의 힘이 되었다.

인일여고 여름 방학 때는 부평에 있는 ○○○이라는 곳에 성경공부를 가르치러 갔었다. 그 곳은 매춘부들을 모아놓은 곳이었다. 그들은 성병에 걸렸을 때 그 곳에 집단 수용을 당한다. 그들을 강제 수용하는 명분은 성병을 치료하는 기간 동안 사회에 적응 할 수 있는 생산 기술을 가르친다는 것이다.

물론 양재, 미용, 타자, 요리. 나염… 여러 가지 기술을 가르치는 것으로 나뉘어져 있지만 명분뿐이고 사회의 병폐가 되는 그들을 집단 수용하고 있는 곳이었다.

그들은 이미 성병환자이고, 교도소를 방불케 하는 열악한 환경의 집단 수

용소는 없던 병도 새로 만들 정도이니 강제 수용된 그들은 틈만 나면 도망을 치려했다. 그러나 도망을 치면 거의 다 다시 잡혀온다.

그들의 숙소는 철조망으로 몇 겹씩 둘러져 있고 산을 타고 도망하면 길로 통하는 어귀마다 이미 나가서 지키고 있는 감시원들에게 붙잡히게 되어 있다. 한마디로 매춘부들의 감옥소라는 표현이 더 맞을 것이다.

나는 한 그룹 열 명 정도에게 성경을 가르쳤다. 나와 같은 또래의 아이들이 대부분이고 더 어린아이도 있었다. 열세 살짜리도 있었다. 그들은 스무 살이 넘으면 할머니라고 불렀다. 그곳의 불문율은 성경 말씀 이외에 다른 말은 절대로 하지 않는 것이다.

다른 말을 하게 되면 그들은 우리에게 말을 걸기 시작하고 다른 말로는 그들을 지도해 나갈 방법이 없기 때문이다. 사적으로 사귐을 갖는 것도 절대 금물이다. 편지를 주고받는다든지 그들의 부탁을 듣고 물건을 사가지고 갈 수 없다.

그러나 나는 그들에게 갈 때마다 성병에 관한 연고제라든지 피부 연고지를 사가지고 들어갔었다. 한글을 모르는 아이를 위해서 초등학교 국어책을 가지고 가기도 했다. 그러면 그들은 감시원의 눈을 피해 내 성경책 갈피에 자기들이 아끼는 머리핀을 넣어 주기도 하고 꽃잎을 말려 넣어 주기도 했다. 누구에겐가 써 놓은 편지를 부쳐 달라고 부탁하기도 했다.

나의 고등학교 때의 여름방학은 그들이 불쌍해서 잠 못 이루는 밤이 많았다. 그 때마다 나는 인생의 낭떠러지까지 떠밀려온 불쌍한 사람들을 위해서 내 삶을 살겠다는 다짐으로 굳어져 갔다.

나도 내 아들들이 여름방학을 하면 어머니가 나에게 했던 방법을 고스란히 전수해서 쓰고 있다. 매일 두 시간씩 성경공부를 하게 한 것이다. 그것이 내 인생의 얼마나 밝은 빛이요 등불이었는지 내가 체험했기 때문이리라.
아들들도 초등학교, 중학교 때는 방학기간동안 성경을 읽고 암송하는 데 보내게 했더니 고등학교 때는 다른 사람에게 성경을 가르치며 방학을 보내는 것이다.

나는 여름방학을 맞이하는 아들들에게 공부해야 하는 분량과 시간 배정을 성경이 최우선 순위이고 그 다음은 국어, 영어, 수학, 기타 과목으로 정하여 주었다. 이렇게 초등학교, 중학교까지만 하면 그 다음부터의 자녀 교육은 그들에게 이미 습득된 성경 말씀이 저절로 자녀들을 양육시켜 나간다.
어릴 때 내 자녀의 교육으로 성경과 기도에 심혈을 기울이면 그 후에는 이미 훌륭한 하나님의 사람으로 성장하고 있는 자녀의 모습만 보면 되기 때문이다.

오늘 아들은 나에게 이런 말을 했다.
"엄마! 저도 결혼하면 자녀들에게 어려서부터 성경말씀을 목숨 걸고 가르칠 거예요. 거기에 자녀의 삶의 성공과 가치가 다 달려 있어요. 어려서 읽은 성경 말씀 한 구절 한 구절이 니 삶을 인도하고 있어요.
요즈음 학생들이 보이지 않아요. 전부 학원을 다니느라 정신이 없어요. 부모님들이 성경을 영어만큼간 중요하게 여기면 얼마나 훌륭한 자녀가 될 텐데 그것을 알아차리는 부모가 없으니 아이들만 불쌍해요."

아들은 요즈음 생산직 청소년들이 일하고 있는 공장에 가서 성경을 가르치고 온다. 그들에게 줄 여러 가지 선물과 물건을 준비하고 몹시 더운 날은 아이스크림 사줄 돈을 준비하고 밤을 새우며 그들에게 가르칠 성경 공부 교안 작성을 한다.

나는 그 모습을 보며 먼 후일 내 아들을 꼭 닮은 손자가 맞을 여름방학을 이십 년 전에 미리 보는 듯하다. 요즈음은 어린아이, 초등학생 할 것 없이 모두 영어를 위해 이 땅에 태어난 사람들처럼 영어 학원을 뛰어 다니고 있다.

성경을 영어 과목만큼만 중요하게 생각하고 동일한 분량과 시간을 가르치면 자녀의 인생은 밝은 빛의 인도를 받아 강하고 견고하며 모든 민족 중에 뛰어난 하나님의 사람으로 살게 될 것이다.

이제 우리는 자녀에게 성경말씀을 가르칠 최적의 기회로 여름방학을 기다려야 할 것이다. ❀

말하지
않아도
들리는 소리

주님은 여기까지 나를 도우셨고
여기까지 나에게 허락하신 것이다.
주님이 걸으라는 곳까지만 걷는 것이다.
그리고 멈추라면 멈추는 것이다.

어떤 일이든지 이루고자 할 때에
어려움이 가로 막는다.
그러나 우리는 주님이 허락하는 곳까지는
반드시 가야만 한다.
왜냐하면 장애물 뒤에 숨겨 놓은
주님의 뜻을 알기도 전에 미리
포기하는 것은 주님을 믿지 않는
불신앙이기 때문이다.

말하지 않아도 들리는 소리

우리 부부가 처음 사역을 시작한 곳은 지금은 서울 송파구에 편입되었지만 그 당시 경기도 광주에 있는 장애인 교회였다. 폐허가 된 비닐하우스를 개조해 만든 교회인데 장애인들은 교회 옆에 다닥다닥 깃을 달아 움막 같은 곳에 살고 있었다.

그 사람들 중에 몸이 조금 덜 불편한 사람이 봉고차 운전을 맡아 새벽에 그들이 판매할 수세미, 좀약 등 각종 잡화와 사람을 싣고 가락시장, 중앙시장 같은 서울 시내의 각 시장마다 한두 명씩 내려놓는다. 그러면 그들은 하루 종일 마비된 몸에 검정 고무 튜브로 몸을 감고 땅을 기어 다니며 동냥도 하고 수세미도 판다. 그리고 저녁이 되면 봉고차가 다시 시장을 돌며 그들을 싣고 교회로 돌아온다.

무더운 여름에 그들이 고무튜브를 벗는 것을 보고 나는 울컥 울음이 쏟아졌다. 여름의 뙤약볕에 뜨겁게 달궈진 아스팔트 위에서 검은 고무 튜브를 끼고 땅을 기어 다녔으니 피부가 성할 리 없다. 바람도 통하지 않는 고무 튜브 속에서 하루 종일 피부는 땀띠가 나고 피가 나서 저녁이면 눈드고 볼 수 없이 뭉그러진 몸이 된다.

그들은 그 고통으로 밤잠을 자지 못한다. 나는 그들에게 '제발 고무 튜브를 입지 말라'고 말했더니 그들은 '고무 튜브를 입지 않으면 수세미도 팔리지 않고 동냥도 못 한다'고 했다.

어느 날 나는 그들의 애환을 글로 써서 사회에 알림으로써 도움을 받아주고 싶었다. 그래서 그들에게 삶이 얼마나 고통스럽고 외롭냐고 물었다.

그랬더니 그들은 자신들의 삶이 전혀 어렵거나 고통스럽지 않고 오히려 기쁘고 행복하다는 것이었다. 이 세상에 다른 사람이 가진 모든 것을 갖지 못했고 몸마저 장애로 마비되어 비록 동냥으로 살고 있지만 자신들의 가슴에는 예수님이 계셔서 이 세상 모든 것을 다 가진 것보다 더 행복하다는 것이었다. 만약 자신들의 이야기를 쓰고 싶으면 불행하다 도와줘라 쓰지 말고 예수님 때문에 이렇게 행복하다고 또 자신들보다 더 어려운 곳을 돕고 싶다고 써 달라는 것이다.

그래서 그들의 행복한 삶을 쓰려고 마음을 고쳐먹고, 그러면 예수를 처음 믿을 때의 상황과 기쁨을 이야기 해보라고 했더니 그들은 마비된 얼굴을 힘들게 찡그리며 어렵게 한 마디 하고 끝낸다. "예수 믿었어! 좋았어!"

사실 '예수 믿었어! 좋았어!'보다 더 좋은 말은 없을 것이다. 그러나 아무런 정보나 자료 없이 그저 이 한마디만 가지고 어떻게 다른 사람들에게 예수 믿는 그들의 기쁨을 전할 수 있을까? 아무 것도 떠오르지 않고 난감하기 그지없었다.

그러나 예수를 믿는 우리는 어떠한 일에도 포기하거나 주저할 필요가 없다. 우리는 능력 주시는 자 안에서 모든 것을 할 수 있기 때문이다. 나는 자신을 표현하지 못하는 장애인 한 사람의 믿음의 간증문을 쓸 때마다 사흘을 금식하며 기도했다.

"주님! 모세는 천지 창조 당시 그 곳에 존재하지 않았지만 성령의 감동으로 지나간 날의 천지 창조를 창세기에 기록하였고 요한은 성령의 감동으로 아직 오지 않은 미래의 세계를 요한계시록에 예언하였습니다.

저에게 성령으로 알게 해 주십시오. 저 사람의 심령과 똑같이 해주셔서 예수를 믿게 된 때의 그 사람의 마음, 주변의 상황까지… 모든 것을 알게 해 주십시오. 그들이 말하지 않아도 그들의 마음의 소리가 들려오게 해 주십시오."

사흘간의 금식 기도가 끝나는 날 나는 성령의 감동 속에서 쉬지 않고 글을 쓸 수 있었다. 그 글은 곧 그 사람이 되었다.

그들은 자신들도 그 날의 감정과 상황을 다 잊었는데 어떻게 자신의 모든 것을 똑같이 쓸 수 있느냐고 눈물을 흘리면서 감탄하였다.

한 달에 한 명의 간증문을 썼으니까 3년 동안 36명의 간증문을 쓰는 동안 언제부턴가 나는 사흘을 금식하지 않아도 나에게 다가온 영혼의 소리가 마음으로 들려오기 시작했다.

그들이 말하지 않아도 들리는 소리…
그들이 말하지 못해도 들리는 소리…

그리고 그 소리는 들려오는 그대로 나의 간절한 기도가 되었다. ❀

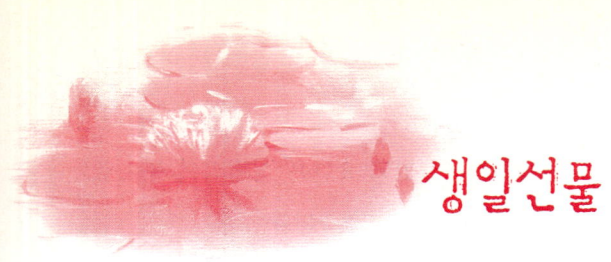

생일선물

내 생일이 가까워 올 때인 가을 어느 날, 모 방송국에 있는 친구로부터 부탁을 받았다. 그 친구는 청소년 드라마 작가인 한 교수의 원고를 받으려고 계속 섭외 중이었는데 번번이 거절을 당한다는 것이다. 방송국 사람들을 그 곳에 보내기도 했는데 그 작가의 마음이 어디에 정했는지 도무지 움직이지 않는다고 난감해 했다.

그러면서 혹시 네가 가면 그 작가의 마음을 얻을 수 있을지 모르니 한 번 시도해 보라고 했다. 점심시간이 지나고 나니 다시 긴장하기 시작했다. 괜히 해보겠다고 나섰다가 친구를 더 난감하게 만들지나 않을까 해서였다. 입안에 침이 마르고 마음이 너무 침착해지기 시작했다.

이것은 내가 극도로 긴장했다는 증거이다. 나는 생각했다. '밑져야 본전이지 뭐. 그 친구도 성사되리라 기대는 안 할 거야.' 차창을 통해 내다본 황금빛 가을 풍경이 수천, 수만의 걸작품 그림이 전시되어 있는 것 같이 펼쳐져 있었다. 나는 나도 모르게 찬송을 불렀다.

"참 아름다워라 주님의 세계는 저 솔로몬의 옷보다 더 고운 백합화
 주 찬송하는 듯 저 맑은 새소리 내 아버지의 지으신 그 솜씨 깊도다."

내가 예상했던 대로 그 교수님의 연구실은 정갈하고 잘 정돈되어 있었다. 나를 정중하고 반갑게 맞아 주는 그분의 눈빛은 약간 의외라고 말하는 듯했다. 의례적인 손님 대접으로 따뜻한 차 한 잔을 주시더니 벽 전체가 창문인 곳으로 가서 가을 들녘을 바라보며 이렇게 말씀하셨다.

"저 황금빛 가을 들녘이 보이지요? 저 절경을 하나의 거대한 작품이라고 보고 제목을 하나 붙여 보세요. 내 원고를 받아갈 만한 사람인가 내가 알아봐야 하잖아요."

나는 마음속으로 잠깐 기도를 했다.

"주님! 저 위대한 주님의 작품에 제목을 달아주세요."

그 때, 그 날 새벽에 묵상한 하나님의 말씀이 섬광처럼 떠올랐다.

'여호와의 자비와 긍휼이 무궁하시므로 우리가 진멸되지 아니함이니이다. 이것이 아침마다 새로우니 주의 성실이 크도소이다.' 나는 자신있게 대답했다.

"성실! 입니다."

그 교수님은 뜻밖의 대답인 듯한 표정으로 왜 '성실'이라는 제목을 붙이게 되었는지 그 이유를 물었다.

"저 들녘에 오곡백과가 무르익게 된 것은 먼저 하나님의 성실하심이 있었습니다. 주께서 새벽마다 이슬로 땅을 적시시고 때를 맞추어 비를 내리시고 하늘의 햇빛을 따갑게 달구시고 바람의 길을 잡아주시고 온갖 나비와 벌을 움직이게 하셨으니 그 뜻을 매일 성실함으로 행하셨습니다.

두 번째는 사람의 성실함이 있었습니다. 땅을 경작하고, 씨를 뿌리고, 흙을 북돋우고, 시절을 따라 땀 흘리며 열심히 일한 농부의 성실함이 있었습니다. 저 아름다움은 저절로 생긴 것이 아니라 신의 성실함과 사람의 성실함이 동역한 성실함의 조화입니다."

그 분은 나의 대답 이상 아무 것도 요구하지 않고 자신이 써놓은 원고의 전량을 나에게 흔쾌히 건네주었다. 나는 내 생애 가장 귀한 생일 선물을 받았는데 그것은 주님이 나의 삶의 모든 것을 성실함으로 지키신다는 믿음이었다. 오늘 있다가 내일 아궁이에 던져지는 들풀도 이렇게 성실함을 다하여 보살피는 주님께서 주님의 자녀된 나의 삶을 얼마나 지극 정성으로 지키고 보호하시겠느냐는 확신이었다.

주님이 나의 삶을 성실로 지키시고 계시다면 나는 만나는 사람마다 만나는 나의 일상마다 더욱 진지하고 성실하여야 하지 않겠는가? 주의 성실하심이 나와 함께 하시므로 어떠한 시련과 고통이 와도 두렵지 않다.

"내 평생에 선하심과 인자하심이 반드시 나를 따르리니…."(시 23:6)

어느 이른 봄날,
작은 텃밭에 꽃씨 하나 심었더니
그 이튿날
하늘에서는 촉촉이 비를 내려 주었다. ❋

지켜보는 사랑

　　　　미국에서 뉴저지연합교회나 오메가선교교회, 체리힐교회에 이어 플러싱제일교회에서 집회를 가질 때 아침 집회 후에는 시간이 남아도 쉴 수가 없었다.

사역자에게는 쉼도 중요한 사역의 하나이지만 그 시간에도 질병으로 고통하며 시시각각으로 밀려오는 죽음의 공포에서 두려워 떠는 연약한 영혼들을 만나야하기 때문에 할 수만 있으면 그들을 찾아 나섰다.

　그래서 미국 동부에 있는 교회들의 이번 초청 집회 내내 새벽 집회를 위해 일찍 길을 나서면 하루 온종일 시간을 보내고 자정이 다 되어서야 숙소로 돌아올 수 있었다.

　그날은 봄비가 여름 장맛비처럼 내렸다. 뉴욕 인근에 홍수주의보가 내릴 정도였다. 입술이 다 부르트도록 쉬지 않고 일하시는 조 목사님이 아침 집회 후 어떤 아담한 집으로 나를 데리고 가셨다.

　휠체어에 깊숙이 몸을 기댄 한 여인이 있었다. 세균성 근육 수축증 환자였다. 병세는 이미 기울어 입안의 근육이 거의 없는지 침조차 삼키지 못하는 정도였다.

　그녀의 하얗고 고운 얼굴은 침이 그대로 줄줄 흘러 내렸고 손과 발은 물론 몸의 어느 부분도 움직이지 못하는 전신 마비 상태였다. 마지막 숨 쉬는 기능

이 마비되면 이 여인은 어떻게 될 것인가?

그런데 그 여인이 잠시도 눈을 떼지 못하고 사랑이 가득 담긴 눈으로 잠잠히 바라보고 있는 것은 그가 낳은 6개월 된 아들이었다. 그 여인의 몸에서 낳은 아들이라고는 도저히 상상이 되지 않는 건강하고 준수한 아기가 방긋방긋 웃고 있었다.

나는 그 여인의 휠체어 앞에 무릎을 꿇고 앉았다.

주님께서 혈루증을 앓는 여인이 주님의 옷자락을 잡았을 때, 주님께서 그 여인이 무엇을 원하는지 알고 계셨고 그 여인을 불쌍히 여기셨던 것처럼 이 여인이 무엇을 원하는지 알려 주시고 부디 이 여인을 불쌍히 여겨 주시기를 간구했다. 그랬더니 이 여인의 영혼의 소리가 들려오기 시작했다.

나는 그 여인의 영혼의 소리를 소리 내어 대언하기 시작했다.

"주님! 저는 일평생 남편의 사랑만 받고 남편을 위해 아무 것도 해 주지 못했습니다. 그래서 비록 내 몸은 근육이 마비되어 가는 상태였지만 남편에게 아들 하나를 낳아 주어 남편의 사랑에 조금이라도 기쁨을 줄 수 있기를 수 년 동안 간구하였습니다. 주님은 제 기도에 응답하셨고 기적을 베풀어 아들을 낳을 수 있게 하셨습니다.

주님! 이제 저는 이 세상에 아무런 여한이 없습니다. 저에게 아들을 주신 주님께 간구할 것이 남아 있으면 안 될 것입니다. 그런데 요즈음 제 마음에 욕심이 생겼습니다.

주님! 저에게 조금만 시간을 더 주십시오. 제 아들이 학교에 입학할 때까지만 저를 살려 주십시오. 어미로서 아들에게 젖 한번 먹여주지 못했고 아들의 기저귀 한 번 갈아 주지 못했고, 아! 저 어여쁜 아기를 제 품에 한 번 안아 보지도 못했습니다.

그저 이렇게 하루 종일 아들을 바라보는 눈빛만 주고 있을 뿐입니다. 그러나 주님! 이 모양 이대로라도 아들 곁을 지켜 볼 수 있도록 저를 몇 년만 더 살게 해 주십시오.

아들에게 젖을 주지 못해도 감사하고 아들을 제 품에 한 번만 안을 수 있게 해달라고도 하지 않겠습니다. 아들에게 사랑한다는 말 한마디 들려주지 못해도 좋습니다. 그저 이 모습 이대로 아들 곁에서 아들을 지켜볼 수 있게만 해 주십시오.

저는 하루 종일 아들을 쳐다보며 수도 없이 말하고 있습니다. '사랑한다 내 아가!' 그리고 남편에게는 '미안해요 여보!'라고 말합니다. 저의 몸을 매일 씻기고 나를 간병해 주는 자원봉사자 권사님께는 '그마워요 권사님!'이라고 말합니다. 저의 이 마음을 전하고 싶어 나는 하루 종일 제 마음 속에서 소리치고 있습니다."

이 소리를 듣던 그 여인은 외마디 소리를 지르며 오열하기 시작했다. 한참 동안 마비된 몸을 비틀며 우는 아내의 진실한 사랑을 알게 된 남편이 울고 여러 해 동안 빛도 없이 이름도 없이 봉사하시던 교회의 권사님도 울고 기도하던 나도 울고 목사님도 울었다. 그 날 심방에 동행했던 여전도회 회원들 모두가 이 안타까운 간구에 울고 또 울었다.

잠시 후 눈물바다에서 피어난 꽃처럼 그 여인의 얼굴이 환하게 웃고 있었다. 기뻐서 어쩔 줄 모르는 그 여인의 얼굴은 마치 천사의 얼굴과 같았다. 병원에서는 그 여인의 남은 시간이 한 달이 채 안된다고 진단을 내렸다.

우리는 이 여인이 아들을 사랑의 눈빛으로 쳐다볼 수 있는 시간이 얼마나 더 남아 있는지 아무도 모른다. 그러나 그 여인의 간구를 들으시고 아들을 주신 주님은 아들 곁에 어머니의 사랑의 눈빛이 있어야 하는 것을 가장 잘 아시는 분이심을 그 날 우리들에게 알게 하셨다.

우리는 그 주님을 굳게 믿을 뿐이다. 주님은 우리가 말하지 못해도 주님 안에 있는 크신 사랑과 긍휼하심으로 아픔의 소리로 듣고 계신 분이심을 굳게 믿을 뿐이다. 주님은 그 날 온몸이 마비되고 오직 보고 들을 수 있는 기능만이 남아 있는 그 여인에게 이렇게 말씀하셨다.

"딸아! 안심하라. 네 믿음이 너를 구원하였다."

올해 그 여인의 아들은 초등학교에 입학했다. ❋

강력 접착제

　　　　　내가 그녀를 처음 만난 것은 미국 체리힐에서 부흥회를 인도하고 있을 때였다. 나는 그 때 집회가 없는 낮 시간에는 심방을 하거나 전도를 했다. 낮에 부흥강사가 전도를 해서 내가 예배를 인도하는 시간에 처음 교회에 데리고 나가는 것은 누구도 느낄 수 없는 쏠쏠한 재미였다. 그녀는 낮에 전도를 받았고 예수를 영접했지만 신앙과는 관계없이 남편과 이혼하겠다고 벼르고 있었다. 남편이 바람을 폈다면서 도저히 용서할 수 없는 배신이라고 울분을 토했다.

　그 이튿날 그녀의 남편이 나를 찾아왔다. 남편은 회사에서 비즈니스 차원에서 룸살롱을 한 번 다녀왔는데 아내는 실성한 사람처럼 남편을 꼬집고 때리고 회사에까지 와서 물건을 던지고 일을 못하게 한다고 했다.

　아내의 몰지각한 행동을 도저히 참아내기 어렵고 이혼하자고 저 난리이니 룸살롱 한 번 다녀왔다고 이혼을 해야 한다면 이 세상 모든 남자가 이혼해야 할 것이라면서 저렇게 이해심도 없고 교양 없는 여자하고는 나도 단 하루도 살 수 없다고 가슴을 치고 소리를 지른다.

　나는 그날 밤 그 가정을 위해서 간절히 기도했다. 그러면서 그 아내의 가슴 속에 있는 깊은 슬픔을 알게 되었다. 그녀는 어린 나이에 아버지로부터 버림을 받았다. 순하디 순한 그녀의 어머니는 바람을 피운 남편에게 말 한마디 못하고 어린 딸과 함께 밖으로 내쫓겼고 온갖 고생을 하다가 병을 얻어 죽어 간 것이다. 그녀는 남편이 자신의 아버지처럼 될 것이고 자신은 어머니처럼 어린 아이들을 데리고 밖으로 쫓겨날 것이다,

자신은 어머니처럼 병들어 죽을 것이고 아이들은 자신처럼 고아가 되어 고생과 눈물로 살아가게 될 것이라는 생각으로 꽉 차 있는 것이었다.

그리고 남편에게 아무 저항도 못하고 매 맞고 쫓겨나는 어머니가 싫었다.

그 때 그녀는 몹쓸 짓을 하는 아버지를 때려주고 싶었지만 아홉 살짜리 어린 소녀가 무엇을 할 수 있었겠는가?

그러나 지금 그녀는 달랐다.

어렸을 때 때리고 싶었던 아버지를 때리듯 남편을 때리고 응징할 수 있는 것이다.

자신과 어린 아이들을 지키기 위해서 그녀는 몸부림치고 있는 것이다.

나는 그 남편에게 "만약 아내가 암이 걸렸다면 당신은 어떻게 하겠소? 버리고 도망가겠소, 아니면 병이 나을 때까지 간호하겠소?" 라고 물었다.

"병든 아내를 간호해야지요."

"그래요. 지금 당신 아내가 깊은 병이 들어 있어요. 어렸을 적 바람난 아버지 때문에 생긴 병이지요. 지금 그녀에게는 남편이 룸살롱 한 번 다녀 온 것이 아니라 아버지처럼 된 거예요. 그래서 자신의 어머니와 자신의 처지를 똑같이 생각하고 느끼는 거예요.

그러니까 아내의 남편으로가 아니라 간병인으로 3개월만 견디고 살아보세요. 병든 아내를 간호하는 심정으로요. 꼬집고 때리고 부수는 것은 암환자가 토하고 싶지 않아도 병의 증세로 토하는 것처럼 아내도 병의 증세로 그러는 거예요.

3개월 동안 그 병의 증상이 심해져서 당신을 더 괴롭히고 회사뿐 아니라

당신 친구들 앞에서도 이해 못할 행동을 할지도 몰라요. 그래도 아내를 간호해 줄 수 있지요? 내가 한국에 갔다가 3개월 후에 미국에 올 테니 그 때까지만 해보세요."

남편은 숙연한 얼굴로 대답했다.

"고맙습니다. 사모님, 간병을 잘 할 수 있도록 기도해 주세요. 그리고 내일부터 아내와 함께 교회에 다니겠습니다."

그 이튿날은 한국으로 돌아와야 하는 날이었다. 점심식사를 함께 하자는 연락을 받고 레스토랑에 나갔는데 어찌 사람이 많은지 아주 혼잡한 곳이었다. 그 곳에서 남편은 "사모님! 3개월이 아니라 60년이라도 아내를 지켜주고 돌보는 남편이 되겠습니다.

간병이라 함은 병이 나을 때까지 해야 하지 않겠습니까? 그리고 제가 여자 있는 곳에 가는 것을 아내가 싫어한다면 다시는 여자 곁에 서지도 않겠습니다. 머리가 하얀 할머니여도 여자라면 그 곁에는 얼씬도 하지 않을 것입니다."

이 말이 끝나자 아내는 "으앙!" 큰 소리로 통곡을 하며 울었다. 음식점에 있는 그 많은 사람들의 시선이 집중됐지만 아랑곳하지 않았다.

한참을 흐느껴 울던 아내는 남편의 볼에 키스를 했고 두 사람은 마치 강력한 순간접착제로 붙여놓은 것같이 부둥켜안았다.

지금은 그 남편은 교회 주차장에서, 아내는 교회 식당에서 열심히 봉사하고 있고 체리힐에서 금슬 좋기로 소문난 부부가 되어 이혼하는 부부를 영원히 떨어지지 않는 강력 접착제로 붙여 주는 건강한 가정 사역을 하고 있다. ✽

그것이 그 사람의 매력이야

나는 부모님으로부터 물려받은 신앙의 길을 떠나 방황하고 고통 가운데 있다가 다시 주님 앞에 돌아오고 나니 주님의 은혜가 감사해서 견딜 수 없었다. 주님을 위해서 아주 작은 것이라도 하고 싶어서 우리 점포의 한쪽을 막아 기도실로 만들었다. 새벽에 일하러 나오는 이웃들은 가까운 곳에 기도실이 생기자 일하다가 잠시 짬을 내어 기도하러 오기 시작했다.

나는 기도실 밖에서 어려움을 당하고 있는 이웃들에게 일일이 전화를 하고 기도 제목을 받아 중보 기도를 해 주고 문서 선교지를 만들고 있었다. 그 점포는 출입구를 바로 마주보고 있었는데 겨울이면 눈이 바람에 날려 내 코 앞까지 들어왔고 거센 바람과 매서운 추위는 바람막이 없는 길거리에 서 있는 것보다 추웠다.

그녀는 삼십 분 정도의 먼 거리로 부터 와서 기도는 채 삼 분도 하지 않았다. 훈훈한 난로 옆에 바짝 붙어 앉아 노닥거리거나 남의 험담을 하는 것으로 시간을 보냈다. 그러다가 내가 밖에서 너무 추워서 기도실 문을 열고 기도실 안의 열기에 얼굴이라도 조금 녹이려하면 "문 좀 닫아요! 왜 얼굴을 밀어 넣고 난리야? 이것 봐! 찬바람 들어오잖아! 아이 추워 죽겠어" 라면서 야멸차게 소리를 꽥 지른다. 나는 그녀가 미워지기 시작했다.

그날 밤 모든 사람들이 집으로 돌아간 뒤 무릎을 꿇고 앉아 그녀를 위해 기도했다.

"주님! 저는 김영춘 집사가 너무 미워요. 기도는 삼 분도 하지 않고 세상 잡담만 해서 다른 사람의 기도나 방해하고, 자기는 난로 옆에서 너무 불을 쬐어서 얼굴이 벌겋게 달아 있으면서 하루 종일 밖에서 추위에 떨다가 십 초 정도 얼굴을 내밀어 그 방의 온기에 얼굴이라도 녹이려하면 어떻게 그렇게 매몰차게 욕을 할 수 있겠어요.

그렇게 무례한 사람을 어찌 받아들일 수 있겠어요. 내일부터는 이곳에 아예 오지 못하도록 단단히 조치를 해야겠어요. 주님도 제 마음을 이해해 주실 거죠?"

그 때 성령께서 내 마음에 이렇게 말씀해 주셨다.

"그것이 김영춘 집사의 매력이란다."

"뭐라구요? 매력이요?"

"너는 왜 내가 만든 내 자녀, 내 딸을 그리 미워하느냐? 내게는 그게 그 아이의 매력으로 보이는데…."

그 이튿날, 그녀는 전과 다름없이 삼십 분을 달려와서 "아이 추워라!" 하며 기도실 문을 쾅 닫고 들어갔고, 내가 문을 열었더니 "문을 열고 얼굴을 들이밀면 어떡해! 찬바람이 그 사이에 방으로 다 들어오잖아!" 라며 소리를 질러댔다.

그런데 이상하게 그 이후엔 그녀의 말이 하나도 서운하지 않았고 그토록 밉살스러웠던 그녀가 조금도 밉지 않았다.

"그래! 저것이 김 집사의 매력이야!" 하고는 환하게 웃으며 문을 닫았다.

그 이후 나는 다른 사람이 나에게 어떤 태도로 향하든지 속상하지도 않았고 잘못된 것이라고 정죄하지 않는다. 그 사람 역시 하나님께서 이 세상 하나

밖에 없는 최고의 걸작으로 만든 하나님의 자녀이기 때문이다.

우리는 다 단점이 많은 사람들이다. 내 주장 내 욕심대로 살아가는 막돼먹은 사람들, 죄도 많고 허물도 많고 상처도 많고 단점 투성이인 사람들이다. 우리는 다른 사람들의 실수와 허물, 단점 때문에 내가 조금이라도 해를 당하는 것을 싫어한다. 그래서 그 단점을 비난하고 많은 사람들 앞에 들추어내어 상대적으로 내가 인정받기를 좋아한다.

그러나 주님은 내가 사랑할만한 아무 자격이 없는, 오히려 그 사람보다 더 형편없는 죄인이었음에도 불구하고 나를 얼마든지 참아주셨고 사랑하셨다.

끝까지 참아줄 수 없는 사람은 하나님께서 직접 손봐주실 것이다. 그러니까 끝까지 참지 못하는 사람은 하나님이 직접 하실 것이라는 믿음이 없는 사람이다. 내 상식으로 도저히 이해되지 않을수록 나와 너무나 많이 다를수록 내 마음 속에서 이렇게 크게 외치면 언제든지, 얼마든지 환히 웃을 수 있다.

"그래! 그것이 그 사람의 매력이야!" ❋

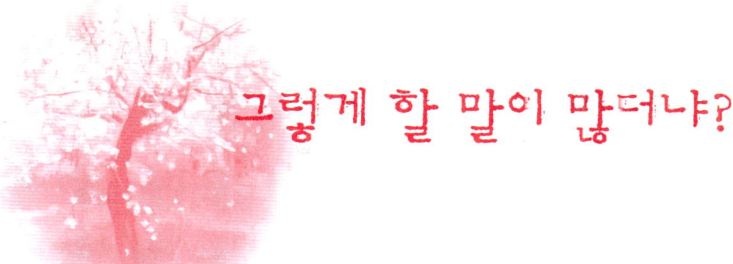

그렇게 할 말이 많더냐?

묵직한 우편물을 한 통 받았다. 다섯 장이나 쓴 그 편지에는 처음부터 끝까지 나를 난도질하는 글이 쓰여 있었다. 글이나 말이 비수라더니 나는 그 글에 온 몸을 찔려 피를 흘리다 쓰러질 것 같았다. 그 글들은 한 마디로 '너는 노숙인들을 빙자하여 네 배를 불리는 나쁜 도둑'이라는 글이었다. 편지를 다 읽어 갈 무렵 내 손은 나도 모르게 부들부들 떨고 있었다. 그것은 나의 피를 거꾸로 솟아오르게 하는 능욕이었다.

나는 그 자리에 한 치의 움직임 없이 앉아 하나하나 반론을 적어 나갔다. 억울하고 기가 막혀 떨려오는 가슴과 손은 억제가 되지 않았지만 두 시간 동안 쉬지 않고 글을 써 나갔다. 얼굴은 상기되어 있었고 말할 수 없는 모멸감에 치를 떨었다. 열다섯 장을 쓰고 보니 일반 편지 봉투에 넣을 수 없어 서류 봉투에 넣었다. 그리고 우체국으로 단숨에 달려갔다.

봉투를 풀로 붙여 봉인하고 우표만 붙이면 되는데 주님께서 내 가슴에 조용히 물으셨다.
"딸아! 그렇게 할 말이 많더냐?"
두툼한 봉투를 내려다보고 서 있는 나에게 주님이 말씀하셨다.
"나는 얼마나 할 말이 많았겠느냐? 나는 얼마나 억울했겠느냐? 그러나 나는 곤욕을 당하여 괴로울 때도 입을 열지 아니하였다. 마치 도수장으로 끌려가는 어린 양과 같이, 털 깎는 자 앞에서 잠잠한 양 같이 입을 열지 아니하였다."

나는 그 자리에 서서 말없이 오열하였다. 그리고 그에게 썼던 열다섯 장의 편지를 찢어 쓰레기통에 넣었다.

"그러므로 내가 그리스도를 위하여 약한 것들과 능욕과 궁핍과 박해와 곤고를 기뻐하노니 이는 내가 약한 그 때에 강함이라(고후12:10)."

나는 바울이 겪었던 궁핍도 박해도 곤고도 스스로 다 겪을 수 있다고 자신해왔다. 그런데 그 가운데 박혀 있던 능욕이라는 것 앞에서 감당할 수 없이 폭발하는 나의 분노를 본 것이다. 내가 가장 자부하던 것이 여지없이 무너져 내릴 때도, 변명할 말이 많아 수백 장에 달할 때에도 그 능욕을 참아내는 정도가 아니라 그 능욕을 기뻐해야 한다는 것이다. 그렇게 나는 능욕이라는 몸살을 앓고 있었다.

보름 쯤 지났을 때 그에게서 전화가 왔다.
"사모님! 제가 사모님께 죽을죄를 지었어요." 그는 울먹이느라 제대로 말을 잇지 못했다.

그는 지금 나의 가장 신실한 동역자로 내 곁에 와 있다. 바울은 그의 동역자인 브리스가와 아굴라에게 '그들은 내 목숨을 위하여 자기들의 목까지 내놓았다'고 소개했다. 그는 나에게 있어서 브리스가와 아굴라 같은 동역자가 되었다. 그 날 내가 열다섯 장의 편지를 부쳤다면 나는 그를 영원히 잃었을 것이고 어쩌면 지금 나를 가장 치명적으로 공격하는 적장이 되어 있을 것이다.

말없이 능욕을 기뻐하면 나를 능욕하던 그 사람을 진실한 내 사람으로 얻을 수 있다. ❈

허락하시는 곳까지만 가자

목회를 하면서 내 마음속에 떠나지 않는 바람이 있었다. 그것은 신학을 좀 더 깊이 있게 공부하고 싶다는 것이었다. 대학원 진학을 하고 싶었지만 목회일정이 매일 바쁘고 아이들이 한창 공부하는 중이어서 어려운 살림에 나까지 진학한다는 것은 꿈에도 생각할 수 없는 일이었다.

"전혀 가능하지 않은 길이지만 그래도 기도는 해야지!"

그래서 나는 이런 저런 기도를 다한 후에 맨 끝자락에 덧붙여서 "신학을 심도 깊게 연구할 수 있도록 대학원 공부를 할 수 있게 해 달라"고 기도해 왔다. 기도는 하고 있지만 꼭 이루어주시리라는 큰 기대를 하지 않으니까 마음도 편했다.

그러던 어느 가을 날, 모교에서 교수님으로부터 전화가 왔다. 장학에 뜻을 가진 분이 대학원 3년 등록금 전액을 장학금으로 내겠다며 자신의 뜻에 적합한 학생을 추천해 달라고 해서 나를 추천했다는 것이다. 대학원 진학을 하고 싶으면 진학하여 신학을 더 집중적으로 공부하라는 것이었다. 무언가 감추고 있던 것을 끄집어낸 듯 가슴이 뛰었다. 주님께 기도한 것은 그 어떠한 것이라도 반드시 응답되는 것에 놀라고 또 놀랐다. 나는 너무 기뻐서 어서 남편과 이 기쁨을 나누고 싶었다.

그래서 어린아이처럼 자랑하며 남편에게 말했더니 의외로 단 번에 거절이다. 나는 남편의 처사가 얼마나 야속한지 눈물이 왈칵 쏟아졌다.

"학비도 장학금으로 다 마련되었는데 왜 안 되는데요?"
"사람이란 모든 일에 때가 있는 법이야. 심을 때가 있고 거둘 때가 있어. 당신에게는 이젠 거둘 때지 심을 때가 아니라니까."
"학문에 무슨 때가 정해져 있을까요? 배우는 것은 때가 없다고 생각해요."
"당신은 이미 목회 현장에서 일하고 있잖아. 실전에서 사역하고 있는데 신학의 깊은 학문이 뭐가 더 필요해? 목회하는 것은 신학 4년 배운 것으로 이미 충분해!"

다른 것은 다 남편에게 순종하고 순종이 안 되면 복종하고 살아왔는데 이번만은 오랜 동안의 나의 기도를 들으시고 주님이 배울 수 있는 기회를 주신 것이라는 확신 때문에 좀처럼 포기가 되지 않았다.

"여보! 당신이 신학 하는 동안 제가 뒷바라지를 다 했으니 이젠 제가 공부할 수 있도록 당신이 도와주세요."

지나간 나의 공적까지 공치사하며 부탁도 하고 애원해 봐도 남편은 나의 대학원 진학에 대해 추호의 흔들림도 없이 완강한 반대를 굽히지 않았다.
'남편은 절대 반대지만 나는 하는 데까지는 해봐야지!' 나는 식구들이 잠든 깊은 밤에 온기도 없는 추운 방에서 입시 공부를 시작했다. 성경, 영어, 철학, 논문이 입시 과목이다. 나에게는 영어가 제일 치명적이었다. 대학 때 배운 영어 자료들을 다시 끄집어내어 공부하였다.

12월 6일이 입학시험 날이고 오전 8시에 첫 과목을 치른다.

그 시간에 무슨 수로 양지까지 갈 것인가?

새벽에 떠나려면 명분이 있어야 하는데 남편에게 뭐라고 말하고 입시 시험을 볼 수 있단 말인가?

나는 '남편이 차로 입시 장소에 나를 데려다 주어서 입시를 볼 수 있게 해달라'고 기도하기 시작했다. 이렇게 기도하는 것은 입시 준비를 하는 기간 안에 남편의 마음이 바뀌지 않는다면 불가능한 일이기 때문이었다. 그러니까 이 기도는 남편이 나의 대학원 진학에 찬성하는 쪽으로 마음이 변화되는 것을 포함한다.

그러나 입시일이 코앞에 다가왔는데 남편의 마음에는 조금도 변화가 없었다. 나의 품에는 남편에게 말도 못하고 받아 놓은 수험표가 간직되어 있었다. 그런데 입시 바로 전날, 남편은 '내일 양지에 있는 총신대학 신학대학원 캠퍼스에 간다'고 하는 것이 아닌가! 그러나 그것은 나를 위한 행보가 아니라 우리 교회에서 일하고 있는 교육 전도사님이 입학시험을 보는데 그 전도사님을 격려하고자 간다는 것이다. 그러면서 나에게 "당신도 동행하지!"라고 말했다.

나는 부지런히 수험표를 챙기고 펜도 준비했다. '내일 입학시험을 보게 된다면 그건 기도의 응답이야! 그래, 주님이 허락하시는 곳까지만 가는 거야!'

입학시험 당일 새벽! 남편은 시험을 치르는 교회 전도사님을 차 뒷좌석에 태우고 나에게는 앞자리에 타라고 했다. 그 전도사님과 남편은 내가 아무도 모르게 입시 준비를 해왔고 오늘 시험을 보게 되는 것을 전혀 눈치 채지 못하고 있었다.

차가 한창 중부고속도로를 지날 때 남편은 그 전도사님에게 선배로서 입시에 관한 주의 사항을 일러주고 있었다. 나는 자는 척하며 그동안 공부했던 것들을 머릿속으로 차분히 정리하였다.

양지 캠퍼스에 도착한 시간은 아침 7시 30분이었다. 그 전도사님은 서둘러 자기 수험 번호에 해당하는 수험실로 들어갔다.

'나도 어서 들어가야 할 텐데…' 마음속에서 조바심이 났다. 남편의 눈치를 보는 시간이 25분이 흘러 시험 시작 5분전이 되었다. 너무 조급해져서 눈물이 나려고 했다.

"네가 남편의 차로 입학시험 보는 데까지 데려다 달라고 했지? 그대로 해주었는데 왜 울려고 하니?" 마음 속 깊은 곳에서 그렇게 울려왔다.

"주님! 지금 시험 시작 5분 전인데 저는 어떡해요?" 골똘히 마음의 대화를 하고 있는데 남편이 나를 툭 친다.

"여보! 저 전도사님은 점심시간까지 줄곧 시험을 치를 텐데 우리는 기다리는 동안 목욕이나 갔다 올까?"

"당신 혼자 다녀오세요. 저는 이 학교 도서실에서 책을 보고 싶어요."

"그래? 할 수 없지 뭐! 그렇다면 나 혼자 갈 수 밖에! 그럼 점심시간에 이곳에서 만나요!"

남편이 떠나자마자 나는 발이 안보이도록 쌩쌩 달렸다. 시험장에 도착하니 시험지를 나누기 직전이었고 하나님 앞에 정직하고 거룩하게 시험 보도록 모두가 묵상 기도 중이었다. 기도는 그대로 이루어졌다. 나는 남편의 차를 타고 시험장에 왔고 지금 입학시험을 치르고 있는 것이다. 오늘은 성경과 영어 시험을 치르고 내일은 논문과 철학 시험을 본다. 오늘 시험에 합격해야 내일 시험을 치를 자격이 주어진다.

주님은 여기까지 나를 도우셨고 여기까지 나에게 허락하신 것이다. 주님이 걸으라는 곳까지만 걷는 것이다. 그리고 멈추라면 멈추는 것이다.

나는 시험을 무사히 다 치르고 남편과 만나기로 한 장소에 미리 가 있을 수 있었다. 남편은 입학시험을 보느라고 발갛게 상기된 내 얼굴을 보더니 "정작 오늘 시험을 보는 수험생은 아무렇지도 않은데 방청객인 당신이 왜 더 긴장했느냐?"며 웃음을 터뜨린다.

저녁 즈음 합격 전화를 받았다. "야호! 할렐루야!" 너무 기뻐서 나도 모르게 환호성을 터뜨렸다. 남편이 깜짝 놀라 나를 쳐다본다. 아! 그래도 감출 수 없는 이 기쁨을 어이 하리! 그러나 기쁨도 잠깐이었고 기쁨의 분량만큼 걱정이 밀려왔다.

'오늘은 그 전도사님 덕분에 아침 일찍 시험장에 갈 수 있었지만 내일은 어쩌면 좋을까….' 아무런 대책도 없는 그 밤에 기도 반, 입시 공부 반으로 밤을 새웠다. "그래! 내일도 주님이 허락하시는 곳까지만 가자."

드디어 입학시험 둘째 날이 왔다.
길을 떠날 아무런 명분이 없어 초조히 기다리고 있는데 새벽기도를 마친 남편이 아침 일찍 등산을 간다고 길을 나섰다.

나는 남편의 차 소리가 멀어지기도 전에 "걸음아! 날 살려라!" 숨이 목에 차도록 뛰었다. 지하철을 갈아타고 남부터미널에 도착하여 양지로 가는 고속버스를 기다렸다. 첫차를 탔으나 아무래도 8시에 도착하기는 역부족이었다.

양지에 도착한 시간이 이미 8시였으니 시험장까지 얼마나 빠른 속도로 뛰어간 것일까?

논문 시간에 글씨 쓰는 손은 달달 떨렸고 땀방울이 얼굴을 타고 쉴새없이 흘러 내렸다. 서론 부분만 썼는데 시간이 끝났단다. 둘째 시간 시험과목인 철학은 마음에 흡족하게 잘 썼다. 논문 때문에 마음이 무거운 상태로 집으로 돌아오고 있었다.

"주님! 논문을 다시 쓸 수는 없을까요? 저는 다른 과목의 실력이 취약해서 논문에서 높은 점수를 받아야 겨우 합격할 텐데 이를 어쩌면 좋아요?"

'아마 그토록 공부하고 싶어 했더니 주님이 내가 너무 불쌍해서 시험이라도 한 번 치러보라고 했나보다…' 하고 마음을 비웠다.

마음을 비웠지만 합격자 발표가 나는 날은 나도 모르게 안절부절 하게 되었다. 저녁때까지 합격자 발표가 늦어져 내 가슴을 태우더니 '논문 출제에 문제가 생겼다'는 공지와 함께 이틀 후에 논문 시험을 다시 본다는 것이다. 그리고 재시험 장소는 양지가 아닌 서울 사당동 대학 캠퍼스에서란다. 도대체 이게 어찌된 일인가? 어리둥절할 뿐이었다.

이틀 후, 재시험 논문 제목을 보는 나의 눈에는 눈물이 가득 고여 왔다. 그것은 대학 때 내가 쓴 논문 제목과 동일했기 때문이었다. 앞, 뒷장에 깨알같이 써내려간 답안지를 제출하고 시험장을 나오며 주님이 나를 반드시 대학원에 진학하게 해 줄 것이라는 확신이 밀려왔다.

나의 합격소식은 남편이 먼저 알게 되었다.

기독 신문에 발표된 합격자 명단을 보고 시누이 남편인 박 목사님이 우리 집에 축하 전화를 걸어온 것이다.

남편은 "이게 무슨 황당한 소식이냐? 입학 시험을 보지 않았는데 어떻게 합격을 했겠느냐? 아마 동명이인일 것이다" 라고 하다가 내가 시험을 치른 것을 알게 되었다. 남편은 신학을 향한 나의 열정을 도저히 말릴 수 없으니 목회와 가정과 아이들에게 티끌만큼의 소홀함이 없게 하고 공부할 것을 나에게 단단히 다짐받은 후에 진학을 허락하였다.

이렇듯 어렵게 입학한 나는 다른 원우들처럼 양지기숙사에 있지 못하고 매일 서울에서 양지까지 통학을 했다. 신체적으로나 여러 환경 여건상 열악하고 힘든 상태에서 공부하게 되었지만 그럴수록 나는 신학에 대한 열정이 뜨거워졌고 강의를 받는 태도는 진지하였다.

나 때문에 불편한 모든 것을 감내하는 남편과 아이들과 성도들이 너무 고마워서 단 일 분도 소홀히 할 수 없었다. 강의 시간에 느껴져 오는 감사와 감동으로 나는 울면서 강의를 받은 적이 한두 번이 아니었다.

새벽기도 2시간 전에 일어나 밥과 반찬을 해놓고 거의 매일 밤을 새우며 공부한 3년이 흘러 남편과 아이들과 성도들의 축하를 받으며 감격의 졸업을 하게 되었다.

어떤 일이든지 이루고자 할 때에 어려움이 가로막는다. 그러나 우리는 주님이 허락하시는 곳까지는 반드시 가야만 한다. 왜냐하면 장애물 뒤에 숨겨놓은 주님의 뜻을 알기도 전에 미리 포기하는 것은 주님을 믿지 않는 불신앙이기 때문이다. ✽

내 어머니라면

어버이날을 맞이해서 우리 교회에서는 교회 근처에 살고 있는 할머니들에게 목욕을 시켜드리고 음식을 대접하는 행사를 하게 되었다. 아파트 각 동마다 엘리베이터에 포스터를 붙였더니 할머니들이 며느리와 손녀의 손을 잡고 교회로 오셨다. 마지막으로 온 할머니는 옷차림이 남루했고 얼굴도 초췌해 보였다. 할머니는 교회 근처에 살고 있지 않고 친척집에 다니러 왔다가 포스터를 보고 왔다고 했다.

목욕을 시켜드리고 있는데 그 할머니가 나에게 이리로 오라며 손짓을 했다. 가까이 갔더니 "나 어지러워요, 어지러워요" 하셨다.

나는 얼른 할머니를 목욕탕에서 나오시게 하여 방에 눕히고 가운을 입혔다. 119 구급차가 쏜살같이 왔고 할머니는 백병원 응급실로 들어갔다. 병원에서는 CT 촬영도 해야 하고, 치료를 어느 선까지 해야 하는지 보호자가 서명을 해야 치료를 한다는 것이다. 나는 '저 할머니가 내 어머니라면…' 이라 생각하며 보호자 란에 서명을 했다.

"모든 의료수단을 다 동원해서라도 살려 주세요. 치료비는 얼마가 나와도 제가 다 책임지겠습니다."

발을 동동 구르며 병원을 이리저리 뛰어다니며 있는 힘을 다했지만 그 할머니는 결국 뇌출혈로 숨을 거두고 말았다. 그 할머니가 입고 있던 옷 주머니에서 나온 것은 십 원짜리 동전 세 개가 전부였다.

이 할머니가 어디에 살고 있는지 이름은 무엇인지 아무 것도 알 수가 없었다. 병원에서는 일단 영안실로 시신을 옮겼는데 하루 속히 보호자가 나서지 않으면 그 비용을 어떻게 감당할 거냐며 오히려 나를 걱정하고 있었다.

'이름이라도, 나이라도 알아야 보호자를 찾을 텐데… 더구나 이 근처에 살고 있는 분이 아니라 먼 지방에서 왔다고 했는데….'

할 수 없이 우리 교회 주변의 아파트마다 관리소를 통해 방송을 했다.
"초록색 몸배 바지 차림의 80세 할머니가 병원에서 위독합니다. 지인은 속히 백병원으로 연락주세요."
하루, 이틀, 사흘… 닷새가 되도록 아무 연락도 오지 않았다.

옆에서 나를 지켜보는 성도들은 "사모님! 어떡해요. 차라리 한강에서 바늘을 찾는 것이 낫지 어디에서 그 할머니의 보호자를 찾겠어요. 괜히 사모님이 병원에 보증을 섰나 봐요."

할머니의 보호자를 초조하게 기다리고 있을 무렵, 40대의 한 여자가 병원에 찾아와 자신의 시어머니인지 확인하겠다고 했다. 닷새 전에 자기가 시어머니를 우리 교회로 데려다 주었다는 것이다. 나는 기가 막혔다. 연로하신 어머니가 닷새 동안이나 집으로 돌아오지 않고 있는데 자식이 어찌 그리 무심할 수 있을까? 어찌 되었든 그 할머니의 보호자가 나타났으므로 마음이 놓였다. 그런데 참 이상한 것은 그 할머니는 우리 교회 바로 뒤편 아파트에 살고 있었으면서 왜 타지방에서 왔다고 했을까?

　나는 그 할머니의 빈소를 찾아갔다. 내가 할머니의 빈소에 나타나자 이번엔 그 친척들이 달려들어 할머니를 내가 죽였다며 위자료를 내놓으라고 으름장을 놓는 것이 아닌가.
　그날 할머니와 교회 앞까지 함께 왔었다는 며느리까지 합세했고 그 기세가 등등했다. 그들은 멀쩡했던 할머니가 왜 갑자기 쓰러졌느냐면서 나에게 그 책임을 추궁해야 한다는 것이었다. 그리고 할머니의 가슴에 시퍼렇게 멍이 들어있었던 것을 해명하라고 소리쳤다. 병원에서 심폐소생술을 한 자국이라는 것을 이미 알려주었는데도 말이다.
　몸의 흔적으로 얘기가 안 되니까 이번엔 '노인들은 심한 충격의 말을 들어도 쓰러질 수 있다'면서 '당신이 그 할머니에게 심한 욕을 했다든지 말로 충격을 준 것이 분명하다'고 억지를 부렸다.
　나는 아무 말 없이 가만히 서서 그들의 온갖 욕설을 다 듣고 있었다. 그 때 할머니의 아들이 나에게 오더니 '어머니의 마지막을 자세히 알려 달라'고 했다. 그 때 아들의 얼굴에서도 무언가 나의 실책의 꼬투리를 찾으려는 의도가 엿보였다.
　나는 할머니를 만나고 몸을 씻겨 드리고 병원에 와서 치료를 받게 할 때 그 할머니를 대했던 내 마음은 '이 할머니가 내 어머니라면 나는 어떻게 할 것인가? 이 할머니는 내 어머니다'라고 생각하고 모든 행동을 했다고 말했다. 그랬더니 그 아들이 가슴을 치면서 통곡을 하며 울기 시작했다.

　"어머니! 나는 사십 년 동안 한 번도 어머니를 내 어머니라 생각해 본 적도 없고 어머니라 부르지도 않았어요.
　그런데 오늘 저 사모님이 닷새 전에 돌아가신 분이 내 어머니라고 알려 주시네요. 피 한 방울 섞이지 않은 사모님이 내 어머니라 생각했다는데 친자식인 내가 어머니를 어머니로 여기지 않았으니 나같이 못된 놈은 천벌을 받아야 해요.

어머니! 나는 어머니가 너무 미웠어요. 내가 어머니를 필요로 할 때 어머니는 나를 버리고 도망갔잖아요. 내가 매일 술주정뱅이 아버지에게 매 맞고 죽을 고생 다 하는 동안 그토록 어머니를 찾을 때는 나타나지 않다가 아버지가 죽고 나니 그때야 나타나셨어요.

내가 어머니 얼굴까지 까맣게 잊은 후에야 내가 아들이라고, 어머니가 내 어머니라고 찾아오셨어요. 어머니! 잘못했어요. 나같이 나쁜 놈은 용서받을 수 없어요. 어머니! 어머니!" 그 아들은 땅을 구르며 오열했다.

"사모님! 죄송해요. 여러분! 이렇게 고마운 사모님을 더 이상 괴롭히지 맙시다. 사모님이 내 어머니의 딸이 되어 마지막 가시는 어머니의 몸을 깨끗이 씻겨 드렸고 임종을 지켜 주셨어요."

그 할머니는 남편의 폭력에 견디다 못해 어린 아들을 두고 도망갔다가 아들이 결혼한 후에 아들 집으로 와서 천덕꾸러기처럼 살고 있었던 것이다. 할머니는 죽음으로써 진정한 아들을 찾은 셈이었다

할머니의 장례가 끝나고 두 주일 후에 교회에 새로 등록한 새 가족 중에 낯익은 두 사람이 있었다. 그 할머니의 아들과 며느리였다. ❁

잠 못 이루는 밤

중계동으로 이전한 지 15년 된 교회건물은 낡고 방수 처리가 제대로 안돼서 여름이면 물이 새고 장마철이면 곰팡이 냄새가 코를 찌른다. 성도들의 생활이 넉넉하지 못하다보니 교회 수리를 한다는 것은 엄두도 못 내고 십 수 년을 그대로 버티며 지냈다.

그렇기 때문에 성도들은 '사모님의 책이 많이 팔리니 교회 수리를 먼저 할 것이지 왜 서울역 노숙인들 밥 퍼주는데 다 쓰는가…'하며 불만도 많았다.

그러나 나는 책의 수익금으로 배고픈 노숙인들을 먹이겠다고 주님께 약속했고 그 약속을 지키기에도 역부족이었으므로 교회 수리는 꿈도 꾸지 못하고 지내고 있었다.

드디어 교회 천정에서 물이 뚝뚝 떨어지기 시작했는데 아마 그 물이 오물이었는지 교회 안에는 악취가 진동했다. 교회가 지하층이기 때문에 여름이면 습기를 잔뜩 먹은 사무기기 음향기기 등이 고장을 일으키고 누전으로 전기가 떨어지는 일은 비일비재하다.

그런데 누가 보내주었는지 고급 제습기 네 대가 교회에 들어왔다. 배달하는 분들도 기증자의 이름을 알려주지 않고 제습기만 내려놓고 황급히 자리를 떠났다. 나는 우선 사무실로 제습기를 옮겼다. 컴퓨터, 복사기 등이 고장 나고 있는 중이기 때문이었다.

그토록 기증자를 알아보려 해도 알 수 없었는데 그 이튿날 저녁에 전화가 왔다.

"사모님! 저는 사모님 책을 읽고 감동을 받아 하나로교회에 갔었어요. 그런데 교회에 습기가 너무 많아 제습기 네 대를 사서 보냈는데 오늘 교회에 가보니 한 대도 보이지 않아서요. 혹시 받지 못 하신 게 아닌지 해서요.'

"예! 제습기를 보내 주신 분이시군요. 보내 주신 제습기는 잘 받았습니다. 정말 고맙습니다. 그런데 네 대를 다 사무실과 방송실에 놓았습니다. 예배실보다 그 곳이 더 심각해서요."

그 이튿날 제습기 두 대가 더 들어와 예배실에도 놓여졌다.

그리고 수요일 저녁 예배 후 양복을 말끔히 차려입은 남자가 나를 찾아왔다. 그는 내 책을 읽고 우리 교회를 찾아왔는데 교회 입구부터 곰팡이 냄새가 나서 교회 안으로 들어오기 싫었다고 했다. 머리가 아파서 '이 습기를 없애주자'하고 제습기를 보냈다고 했다.

"주님! 저는 그 교회와 아무 상관이 없어요. 제습기 사 주었으니 다시는 이 교회에 대해 생각나지 않게 해 주세요… 마음을 그렇게 정했는데도 자꾸 교회가 생각났어요. 그래서 오늘 교회에 또 오게 된 것입니다."

그분과 이야기하고 있는 동안에도 천정에서 둘이 뚝뚝 떨어지고 있었다. 그걸 본 그가 말했다.

"사모님! 교회 천정을 뜯어봐야 근본적으로 고칠 수 있습니다."

"그야 그렇지만…."

나는 교회 재정 사정이 여의치 않다는 말을 도저히 할 수가 없어서 속으로만 얼버무리고 있었다.

"내일 저희 회사 직원들을 보내서 교회 천정을 뜯고 고쳐 드리겠습니다. 그래야 제가 편히 잠을 잘 수 있을 것 같아요.

제가 주님께 몇 번이나 이 교회와 나오는 아무 상관이 없다고 고개를 저어도 기도하려고 눈만 감으면 이 교회가 제 눈앞에 어른거려요. 마치 주님이 이 교회를 고쳐 주라고 저에게 부탁하시는 것 같아서 잠이 오지 않아요."

그는 우리 교회의 물이 새고 있는 천정뿐 아니라 교회 전체를 정갈하고 아름답게 리모델링해 주었다.

9년이 지난 지금도 나는 그 사람을 잊지 않고 기도한다.

주님께서 그의 헌신에 삼십 배, 육십 배, 백 배로 갚아 주시기를….

그리고 주님의 소리에 늘 순종할 수 있기를….

지금도 이웃의 아픔 때문에 잠 못 이루는 밤이 수없이 많기를…. ❀

말하지
않아도
들리는 소리

우리는 다른 사람을 도울 때
어디서부터 어떻게 도울까 하며
난감해 할 필요가 없다.
'이보다 더 좋은 것으로 줄 수 없을까?'라는
물음에 대한 답을 찾고자 하면
어떤 어려운 일이라도 도울 수 있다.
이 즐거운 고민은 힘들어 쓰러진
우리의 이웃을 일으켜 세워 줄 수 있는
만능열쇠이기 때문이다.
"따뜻한 물 한 모금보다 더 좋은 것을
 줄 수 없을까?
아! 컵라면이 있구나.
컵라면 보다 더 좋은 것은?
맛있는 밥과 국과 반찬이지."
나는 늘 고민하며 나에게 묻는다.
"이들에게 더 좋은 것으로 줄 수 없을까?"

택시기사

내가 그 분을 만난 것이 삼십 년이 넘었는데 지금도 그의 손짓 하나 표정까지 뚜렷이 기억하고 있다.

나는 예수를 믿지 않는 가정으로 시집을 가던 날부터 고통의 나날이 계속되었다. 사업을 했던 남편이 돈을 엄청나게 벌어도 내 마음은 조금도 기쁘지 않았다. 아니 돈 버는 것으로 내 인생을 다 허비하는 것이 억울했다. 그래서 주님께 우리 집에서 돈을 다 걷어가 달라고 기도했다. 주님은 마치 내가 그 기도를 해 주기를 기다리고 있었던 것처럼 6개월 안에 우리 집에서 돈을 다 걷어갔고 우리는 산 같은 빚더미 속에서 허덕여야 했다. 가난을 모르던 나는 그 날부터 가난이 얼마나 쓰리고 아픈 고통인지 처절하게 체험해야만 했다.

어려서부터 믿던 신앙생활은 남편과 시댁의 핍박으로 할 수 없었고 삶은 쉴 새 없이 빚쟁이들에게 시달리니 당연히 질병이 찾아왔다. 몸이 아프니 마음마저 병들어 더 이상 살고 싶은 마음이 없었다. 깊은 우울증이 내 삶에 어둡게 그늘져왔다.

나는 자살하기로 마음먹고 택시를 탔다.

"아저씨! 요금은 두 배로 드릴 테니 청평댐으로 가죠."

그 한마디만을 뱉은 나는 두 눈의 동공이 풀리고 이미 청평댐 푸른 물에 첨

병 빠진 듯 허우적거리고 있었다. 그 기사님은 분위기가 심상치 않았는지 아무 대꾸도 없이 청평을 향해 달렸다.

'그래 이 세상 더 살아봐야 무슨 좋은 날이 있겠나? 어제와 똑같은 오늘, 오늘과 똑같은 내일이 계속되겠지….' 오늘 같은 내일이 또 주어진다면 나는 살아갈 마음이 없었다. 에너지가 다 소진되어 움직일 수조차 없었다. 한 마디도 없는 침묵이 비좁은 차 안에 무겁게 내려앉고 있었다.

얼마큼 달렸을까? 아무 말 없이 운전만 하던 기사분이 어렵게 입을 떼었다.

"청평댐에 자살하러 가는 거죠? 이 근처에 기도원이 하나 있는데 지금 가면 아마 오후 예배를 드릴 거예요. 이왕 자살할 바에는 거기 한 번 들어가서 한 시간만 앉아 있다가 죽으면 안될까요? 내가 가지 않고 주차장에 대기하고 있을 테니, 예배에 참석한 후에도 죽고 싶은 마음이 그대로이거든 말씀하세요. 그 땐 청평댐에 데려다 드릴 테니 미련 없이 풍덩! 빠져 죽으세요."

그 차는 이미 기도원 입구로 들어서고 있었다. 나는 자살하려던 것이 발각돼서 화가 나기도 했지만 아무 말 없이 바닥만 내려다보고 있었다. 차가 멈춰 섰다.

"여기까지 온 것은 요금을 받지 않습니다. 손님이 원하던 목적지가 아니니까요. 내가 여기 서 있을 테니 어서 들어가 봐요."

무언가에 이끌리듯 기도원 예배실로 들어섰다. 앉을 자리가 없을 정도로 사람들이 많이 와서 나는 통로에 앉았다. 귀가 있으나 닫고 있으니 설교 소리도 한 마디 들려오지 않았다. 나는 멍하니 앉아 힘없이 눈을 뜨고 한 곳만 계속 응시하고 있었다. 그 때 초점 없이 풀린 내 눈에 누군가 내 앞에 서 있는 듯 맨발이 보였다. 나는 그 발을 따라 천천히 그 사람을 올려다보았다. 그런데 그의 얼굴이 보인 것이 아니라 그의 등이 보였다. 채찍으로 얼마나 많이 맞았는지 등은 빈틈없이 갈라져 있었고 피가 검붉게 엉겨 붙어 차마 눈을 뜨고 볼 수가 없었다. 나도 모르게 소리를 고래고래 질렀다.

"왜요! 왜요! 왜 그렇게 처참하게 맞았냐고요."

주님은 내가 목이 터져라 소리 질러도 한 말씀도 하지 않으셨다. 네 죄 때문이라는 말도, 내가 너를 사랑한다는 말도, 아무 말씀도 하지 않으셨지만 나는 목이 터지도록 소리를 지르며 울부짖고 있었다.

"주님! 잘못했어요. 다시는 제가 힘들다 말하지 않겠어요. 다시는 죽고 싶다 말하지 않겠어요. 주님이 처참하게 채찍에 맞아서 저를 살려주신 것 다시는 잊지 않을게요. 내 생명이 내 것인 줄 알고 마음대로 하겠다던 저의 교만한 등을 주님이 맞은 만큼 때려주세요. 제발 저를 때려주세요. 주님! 저 같은 것 사랑해 주지 마세요. 용서해 주지 마세요."

폭포수처럼 눈물이 쏟아져 나왔다. 목이 쉬고 땀과 눈물로 뒤범벅이 되었지만 나는 새 사람으로 새로운 세상에 태어난 것 같았다. 그 기사님에게 '나를 기도원으로 데려다 주어 감사하다'고 인사하러 밖으로 나갔다. 주차장에서 이쪽을 주시하고 있던 그 기사님은 환하게 웃으며 손을 흔들고는 휭 하니 차를 몰아 가버리고 말았다.

나는 그 분의 이름도 자동차 번호도 모른다. 그러나 그 분은 삼십 년이 지난 지금까지 내 마음속에 생생히 살아있다. 그리고 나로 하여금 죽음으로 가고 있는 이웃의 걸음을 영원한 생명의 길로 바꿔 주는 일을 하게 한다. 오늘도 그 분은 하루 일당을 얼마든지 희생하고 마음속에는 온통 생명 살리는 일로 가득 차서 이 거리 저 거리를 기쁘게 횡횡 달리고 있을 것이다. 그 기사님은 이 세상 어떤 훌륭한 목사님보다 내 인생을 주님께로 완전히 변화시킨 목사중의 목사, 천사중의 천사로 살고 있다.

세상에는 주님의 뜻이 어디에 있는지 궁금하고, 주님이 혹시 주님의 일만

하라는데 자신이 세상일을 하고 있다면 큰일이라면서 직장도 그만두고 사업도 그만두겠다는 사람들이 의외로 많다. 주님의 뜻은 우리가 일하는 곳을 그만두라는 것이 아니다. 우리가 일하고 있는 직장에서, 우리가 만나는 누구든지 주님께로 인도하라는 것이다. 그 택시 기사님이 운전을 그만두고 목회자가 되어야 하는 것이 아니라 운전을 하면서 그 택시가 생명을 살리는 일터교회가 되고 택시 기사로서 주님의 신실한 일꾼이 되어 살아가는 것이 주님이 진정 원하는 종의 모습일 것이다.

주님은 그 택시 기사 같은 일꾼을 찾으실 것이다.

우리의 이웃들도 그 택시 기사 같은 주님의 진짜 종을 찾고 있다. ❋

고자질

남편과 나는 목회자로서 조금도 준비 되지 않은 상태에서 갑자기 목회의 길로 접어들었다. 얼마나 많은 시행착오를 겪었는지 모른다. 교회 개척 초창기에는 성도들의 말이 거역할 수 없는 왕의 말과 같았다.

성도들이 나에게 "사모님 머리가 길어서 답답해 보여요" 한 마디만 하면 나는 쏜살같이 달려가 머리를 잘랐다. 그랬더니 이번엔 '머리가 짧아서 촌스러워 보인다'며 핀잔을 준다. 남편의 저녁 식사를 준비하고 있을 때 갑자기 성도님 집에서 심방을 요구하기도 한다. 이 때 어떤 일부터 우선으로 해야 할지 난감했다.

그래서 나는 어머니에게 지혜를 구했다. 믿음이 좋았던 어머니는 분명 성도들이 첫 번째일 것이라 생각했다. 그러나 어머니는 "너는 첫째, 한 남편의 아내다, 둘째, 아이들의 어머니다, 셋째, 너는 부모님들의 자녀다, 넷째, 너는 목사의 사모다"라고 하셨다. 아내로서 어머니로서 자식으로서의 삶을 올바로 살지 못하는 사람은 사도로서의 삶도 제대로 살지 못한다는 것이었다. 나는 그날부터 그 우선순위에 따라 살았다.

어머니는 아무 것도 준비되지 못한 채로 목회 사역을 해야 하는 나에게 반드시 해야 할 일을 가르쳐 주셨는데 그것은 바로 '고자질'이다. 하루 일과가 끝나고 성도들이 집으로 돌아 간 밤, 넓은 몸배 바지를 입고 교회의 강대상으로 가라는 것이다. 그리고 무릎을 꿇고 기도하는 것이 아니라 다리를 쭉 펴고 편하게 앉아 "오늘 나에게 스트레스 준 ○○○ 권사를 주님이 다리 하나 삐게 해 주세요, 남편이 무례하게 말했는데 입 언저리에 종기가 나게 해 주세요." 등등 내 마음속에 생각나는 대로 주님께 고자질을 하라는 것이었다. 그들을 용서하라든지 복을 주라는 등 마음에 없는 소리일랑 하지 말고 나를 힘들게 했으니 주님이 나를 대신해서 멋지게 혼내주라고 구체적으로 일러대는 것이다.

나는 매일 밤 고자질하기에 바빴다. 그랬더니 낮에 아무리 나를 괴롭히는 사람을 만나도 속상하지 않고 오히려 "너 지금은 아무 것도 모르고 나한테 잘난 체하고 있지만 어디 두고 봐! 오늘 밤 고자질의 상대는 바로 너다"라고 생각하니 우습고 고소하기까지 했다.

하루는 '심술꾸러기 ○○○ 집사의 발을 삐게 해달라'고 했더니 그 이튿날 목발을 짚고 교회에 온 것이다. "어찌된 일이냐?" 했더니 어젯밤 계단에서 떨어져서 발이 부러졌단다.

"아이쿠! 주님, 저의 요구는 이 정도는 아니었는데 이번엔 너무 과하셨어요."

나는 아무도 모르는 비밀 통로를 다녀온 사람처럼 밤이 기다려지고 목회 사역이 재미있었다.

그렇게 6개월쯤 지나고 나니 고자질을 하지 않으면 왠지 개운치 않아서 잠을 잘 수 없었다. 그리고 6개월이 지나는 동안 쭉 펴고 앉았던 다리는 저절로 무릎이 꿇어졌고 고자질하던 나의 입은 애통하는 눈물의 기도가 되었다. 그리고 "사모가 주님에게 고자질하지 않고 사람들에게 고자질하면 모래알 같은 문제가 바윗덩어리가 되어 돌아온다. 주님께 고자질하면 바윗덩어리 같은 문제도 모래알이 되어 돌아온다"는 어머니의 말씀대로 나는 수없이 많은 바윗덩어리가 주님께 드리는 고자질로 인해 모래알이 되어 돌아오는 기적을 밤마다 경험하게 되었다.

나는 목회 사역을 두려워하는 후배 사모들에게 "걱정 말아요! 목회 사역 별 것 아니에요. 결코 힘들지 않아요. 밤마다 한 시간씩만 고자질을 잘하면 다 해결돼요"라고 말해주었다. 햇병아리 목회 초년병이었던 나는 어느덧 목회의 현장에서 삼십 년 동안 일하고 있는 야전노장이 되었다. ✽

거대한 보자기

　　종로5가 역에 내려 급히 교회로 가던 중이었다. 나의 바쁜 걸음을 멈추게 하는 한 여자가 있었다. 그녀는 금방 울 것 같은 얼굴로 간청했다.

　"창원까지 급히 가야 하는데 지갑을 잃어 버렸어요. 차비를 빌려주시면 집에 가서 빌린 돈을 꼭 부쳐드릴게요."

　그녀의 사정이 딱해 보였지만 내 수중에는 단돈 만 원 밖에 없었기 때문에 난처해졌다. "사정은 딱하지만 제 주머니에 여유돈이 별로 없어서요. 아무래도 창원까지 가는 여비는 안 될 것 같아요." 그러자 그녀는 줄 수 있는 만큼만 달라고 애원했다. 그래서 나는 가지고 있던 만 원을 그녀에게 주고 교회로 급히 발걸음을 옮겼다.

　교회에는 나의 믿음의 어머니와도 같은 집사님 두 분이 이미 기도실에 앉아 기도를 하고 계셨다. 나는 교회의 다른 일을 잠시 보다가 기도실에 다시 들어선 순간, 아연실색하지 않을 수 없었다. 낯익은 한 여자가 그 집사님들 곁에 앉아 있는 것이 아닌가!

　다름 아닌 조금 전 종로5가 역에서 나에게 창원 가는 여비를 보태 달라던 그 여자였다. 나는 집사님에게 눈을 찡긋거리고 손짓 발짓까지 동원해가며 그 여자에게 돈을 주지 말라고 무언의 신호를 보냈다.

그러나 '그녀는 사기꾼'이라는 나의 암시를 알아차리지 못했는지, 나와 눈이 마주치기까지 한 그 집사님은 그녀의 손을 붙잡고 간절히 기도를 시작하는 것이 아닌가!

그녀는 자기를 위해 땀을 비 오듯 흘리며 간절히 기도하는 그 집사님의 기도가 언제 끝나나 하는 표정으로 찌푸리며 앉아 있었다. 땀과 눈물로 애통하며 기도하시던 집사님은 한 술 더 떠서 이번에는 지갑에서 돈을 꺼내어 그 여자에게 쥐어주었다.

그리고는 "꼭 예수 믿고 구원 받으세요. 하나님은 당신을 무조건 사랑하신다오. 다음에 또 오구려!"하고 당부하며 극진히 배웅했다. 나는 어처구니가 없었다. 그래서 생글생글 웃고 있는 그 집사님에게 책망하듯 말했다.

"집사님도 참… 그녀의 말은 다 거짓말이라니까요! 조금 전에 제가 종로5가 역에서 저 여자를 만났어요. 창원에 가야 하는데 지갑을 잃어 버렸다고 제게 고속버스 여비를 구걸했단 말이에요. 집사님은 사기꾼에게 감쪽같이 속은 거예요. 그런 사기꾼에게 돈은 또 왜 그렇게 많이 주세요?"

그리고 그녀에게 속아 우리들의 순수한 마음이 농락당하고 배신당한 것을 생각하니 분하고 억울해서 그녀를 다시 데려와 따끔하게 혼내야겠다고 마음먹었다. 이 때 나이 지긋하신 이 집사님이 아직도 눈물이 그대로 맺힌 채로 대답했다.

"알아! 나도 잘 알고 있어! 그녀가 거짓말 하고 있다는 것을 나도 알고 있었어. 나도 아까 종로5가 역에서 저 여자에게 차비를 주고 왔거든. 그녀가 차비를 요구할 때 주고 오면서 왠지 마음속으로 석연치 않았어. 돈만 주고 올 것이 아니라 예수님을 만나게 해 주어야 할 텐데 하며 안타까웠던 거야. 그랬는데 그녀가 종로5가 역에서 제 발로 우리 교회 안으로 들어온 거야.

만약 내가 종로5가 역에서의 차비 얘기를 꺼냈다면 그녀는 예수님을 전도 받기도 전에 달아날 수밖에 없잖아.

속은 것이 아니고 속아주는 거야. 어떤 동기로 교회에 왔던지 교회에 온 사람은 예수 믿게 하려고 성령님이 보내주심이야. 그녀가 가장 불쌍한 영혼이지. 자기의 죄를 알지도 못하니 얼마나 불쌍해. 하나님이 그녀를 참 많이 사랑하시나봐. 그녀가 꼭 예수님 믿어서 구원 받게 해달라고 주님께 다시 강청해 볼 참이야."

그 때 나는 부끄러움과 민망함으로 얼굴을 들 수가 없었다. 그 집사님은 예배실에 무릎을 꿇고 앉아 자신이 오히려 중한 죄인인 양 그녀를 대신해 가슴을 치며 회개하고 간구하는 것이었다. 그 집사님은 그 후에도 그녀의 이런 저런 핑계와 거짓말을 다 알면서도 속아 넘어가 주었다.

그녀가 올 때마다 변함없이 지갑을 열고 돈을 주었고 "다음에 또 오구려" 하면서 융숭히 대접하였다.

그녀는 그 집사님의 용서와 사랑에 일곱 번을 못 넘기고 어느 날 거대한 사랑의 보자기에 얼굴을 파묻고 통곡하며 회개하였다. 그녀는 자원하여 우리 교회에서 식당일, 청소, 궂은일을 도맡아 봉사하였다. 그 후에 신학을 공부해서 지금은 중국 전역을 선교하는 선교사가 되었다.

사랑은

그 사람의 약점을 그 사람의 가장 좋은 장점이 되도록 도와주는 것.

똑똑히 헤아려 따지는 것보다 알면서 속아주는 것.

손해 보면서도 얼마든지 양보하는 것.

이길 수 있는데 져주는 것.

나의 유익보다 하나님께 유익한 것을 선택하는 것.

남의 유익을 위해 나의 유익을 버리는 것.

따지기 전에, 비판하기 전에 실수도, 허물도 덮어 주는 것.

이 세상 허다한 허물과 죄를 덮어 줄 수 있는

거대한 보자기!

무엇을 건네주고 있는가?

어머니는 내가 초등학생이던 때부터 나를 새벽기도에 데리고 나갔다. 그 시절 겨울에는 왜 그리도 눈이 많이 왔는지 장화 속으로 넘쳐 들어오는 차가운 눈은 나의 단잠을 깨웠다. 어린 나는 어머니께 투정부리듯 물었다. "엄마! 집에는 나보다 나이가 많은 언니들이 많은데, 왜 가장 어린 나를 새벽기도에 데리고 다니는 거지요?"

"너는 일평생 하나님의 일을 하게 될 것이고 주님이 너를 부르는 그 시간까지 새벽기도를 해야 하니 어려서부터 기도에 힘써야 한다."

그렇게 나는 새벽마다 어머니의 손에 붙들려 새벽기도에 갔고, 어머니는 모든 성도들이 집으로 다 돌아가고 교회의 난롯불이 싸늘하게 사위어 갈 때까지 눈물로 기도하셨다. 어머니는 평생 동안 나에게 기도하는 모습을 건네주셨다. 그렇게 초등학생에서 중학생, 고등학생이 되니 나는 죽어도 새벽기도 해야 하는 사람인 줄 알았다. 그런데 내가 입학한 인일여고는 당시 아침 6시 40분에 첫 수업이 시작되었기 때문에 새벽기도에 갔다가 학교에 올 수 없는 상황이었다. 나는 이리저리 궁리하다가 학교 게시판에 "3월 5일부터 무용실 앞에서 새벽기도 있음"이라고 써 붙였다.

"한 명도 안 나오면 나 혼자 하지 뭐."

그렇게 마음먹고 나간 첫 날, 세 명이 모이고 대여섯 명으로 늘더니 어느 날은 열 명이 모이기도 했다. 우리들은 그네가 매여 있는 무용실 앞 산자락에서 새벽기도를 하고 도서실에서 공부하다가 수업에 들어갔다. 고등학교 3년 내내 학교의 새벽기도는 하루도 빠짐없이 이어져 갔다.

고등학교 2학년 때 설악산으로 수학여행을 갔다 첫 날 우리들은 흔들바위와 울산바위를 다녀오느라 얼마나 피곤한지 녹초가 되었다. 수학여행까지 왔으니 내일 새벽기도는 쉴까? 그냥 깊은 잠에 떨어지고 싶은 마음은 굴뚝같고, 친구들과 밤이 늦도록 놀고 싶은 유혹이 한꺼번에 밀려왔다. 그러나 이내 모든 유혹을 떨쳐버리고 서울여관 대문에 이렇게 써 붙였다.

"내일 새벽기도는 여관 앞 개울에서 새벽 5시에 있음."

이렇게 수학여행 기간에도 새벽 기도를 쉬지 않았다. 고등학교를 졸업한 지 삼십 년이 훨씬 지난 후에 동기들과 다시 만나게 되었다. 그 때 ○○교회의 사모인 경숙이가 나에게 물었다.

"정옥아! 너 고등학교 때 '예수 열성당'이었던 것 생각나니? 나는 그 때 이미 네가 앞으로 무슨 일이든 큰 일 저지를 줄 알았어. 네가 설악산으로 수학여행 가서도 새벽기도 인도했잖아. 그 때 나도 새벽에 나갔는데 그 날 굽이쳐 흐르는 개울물 소리가 우리들의 찬양소리에 묻혀버렸지. 그 날 열여덟 명이나 개울가 새벽기도에 나온 것 알고 있니? 그 친구들이 지금은 교회 목회자 사모들이 되었잖아."

나는 경숙이의 말을 들으며 그 날 그 개울가에서 부르던 '시온의 영광이 빛나는 아침' 찬양소리가 귓가에 맴돌았다. 주님은 삼십 년이 지나서도 그 날 드린 우리들의 기도가 열매 맺고 있음을 확인케 하셨다.

어느 날 한 장로님이 전화를 했다. "사모님! 이번에 전국 장로 연합회를 설악산에서 하게 되었는데 모처럼 설악산에 모였으니 새벽기도는 생략하는 게 어떠냐는 의견이 압도적이었지요. 그러나 저는 인터넷 게시판에서 어 일여고 학생들이 설악산 수학여행지에 가서도 새벽기도를 했다는 글을 보았으니 양

유정옥 글 | 127

심이 찔려서 동의할 수가 없었어요. 그래서 미움을 받을 각오를 하고 그 내용을 말했더니 장로님들이 '고등학교 여학생들조차 수학여행 와서도 새벽기도를 했는데 장로들이 이 모양이었으니 어떡하느냐'고 회개하고 전원 새벽기도를 하게 되었어요. 당연히 그 날 새벽 기도는 은혜 충만, 성령 충만이었음은 말 할 것도 없지요."

어느 날 나는 이런 전화를 받았다. "정옥아! 나 윤석란이야. 너 나 기억하니? 인일여고 다닐 때 내가 너를 피하느라 얼마나 애를 먹은 줄 아니? 수업시간만 끝나면 나를 붙들고 예수 믿으라고 따라 다녔잖아. 점심시간에 겨우 따돌렸다 싶으면 하교 시간에 또 나를 졸졸 따라 다니며 예수 믿으라고 했지. 너의 끈질긴 전도 덕분에 내가 예수를 믿게 됐고 목사에게 시집가서 지금은 러시아 선교사로 일하고 있어. 그 때는 학교에서 너를 만나는 것이 귀찮고 싫었는데 지금은 내가 만나는 사람마다 너의 이름을 전한단다. 나에게 예수를 전해줘서 내 인생을 바꿔 준 생명의 은인이라고…. 정옥아! 내가 너를 멀리하는데도 포기하지 않고 끝까지 나를 전도해 줘서 정말 고마워!" 삼십 년 후에 이 전화를 받으며 가슴이 터질 것 같은 기쁨을 주체하지 못하여 걸음을 멈추고 서서 한없이 울었다.

예수! 아무리 전해도 후회할 것이 없는 이름!
예수! 아무리 전해도 원망 받을 것이 없는 이름!
예수! 전하기만 하면 영원한 생명을 얻게 하는 이름!

우리 가슴에 예수! 그 이름이 있다는 것은 천하를 얻은 것보다 더 큰 축복이다. 내가 아는 어떤 사람은 폐암으로 죽어가면서 자기에게 담배를 처음 건네준 사람이 바로 목사 아들이었다고 원망하는 것을 보았다. 지금 나는 그 사람에게 무엇을 건네주고 있는가? ❊

나인성 과부

    우리 하나로교회가 종로에서 중계동으로 이전한 직후의 일이다. 백발의 한 할머니가 들어오더니 목사님과 상담하고 싶다고 했다. 내가 목사 부인이라고 말하자 그 할머니는 눈물을 글썽이며 말했다.

    "사모님! 제 아들이 간경화중으로 죽어가고 있어요. 매일 술만 먹고 가정을 보살피지 않아 며느리는 갓 난 핏덩이를 두고 어느 날 온데간데없이 달아나 버렸지요. 아내가 달아나자 밥도 안 먹고 술만 더 마셔대더니 요즈음 간경화로 배에 복수가 차오르고 있어요. 병원에서는 한 달 안에 죽는다 하네요. 죽어도 예수 믿고 죽어야 하잖아요. 그래서 저는 매일 새벽 아들이 예수 믿게 해달라고 기도했어요. 그런데 아들이 '매일 밤 하루도 빠지지 않고 한 달간 나를 심방해주는 목사나 전도사가 있다면 예수 믿겠다'면서 아마 한 명도 못 데리고 올 것이라고 합니다. 그래서 저는 우리 집에 심방을 해 줄 목사님을 보내 달라고 주님께 기도하면서 거리에 나섰는데 이 교회 십자가가 멀리서 선명하게 보여서 이렇게 왔습니다."

    나는 그 할머니를 보면서 아들이 죽자 주님을 찾아갔던 나인성 과부를 생각했다. 주님은 사회에서 소외된 과부의 애청을 간과하지 않으셨다. 마음을 다해 진지하게 과부를 만나주셨다. 그리고 아들을 잃은 과부의 슬픔을 아들을 살려주는 생명의 기쁨으로 바꿔 주셨다.

"매일 밤 할머니 집으로 심방만 해 준다면 예수를 믿겠단 말씀이지요? 제가 가겠습니다. 매일 밤 9시요?"
"예! 그 시간을 어기면 안 된답니다."

차가운 겨울바람이 살을 에는 듯 날카롭게 불던 밤 그 아들과 처음 만났다. 영구 임대 주택인 그 할머니의 좁은 아파트엔 복수가 차서 배가 불룩하게 부어오르고 얼굴은 이미 황달을 지나 흑색이 된 아들이 누워 있었다. 밥상에는 무김치 하나와 먹다 남은 밥이 그릇 가장자리에 말라붙고 있었다. 환자의 저녁 식사라고는 여길 수 없을 정도였다. 방 안은 앉을 자리 하나 없이 휴지와 옷들로 더럽혀져 있었다. 아들은 나를 보고도 인사 한 마디 없이 오히려 빈정댔다.
"와! 가난한 우리 집에 뭘 찾아 먹을 것이 있다고 오셨나? 당신도 오늘 하루뿐이지 내일은 다시 안 올 걸…. 우리가 이렇게 가난하게 사는지 모르고 어쩌다 하루 온 목사는 있었지만 이틀 온 사람은 없었어. 목사들도 돈 때문에 이집 저집 찾아다니지? 부자에게나 가지 아마 우리 같은 가난한 집에서 부르면 겁날 걸. 우리 엄마는 뭐 괜찮은 것만 생기면 목사들에게 갖다 바치느라 자식들은 변변한 것 하나 먹어보지 못하고 자랐어. 우리 엄마는 항상 목사들에게 당하고 살았지. 부자들이 심방오라고 하면 두 발걸음에 달려가는 것들이 어머니가 심방오라고 하면 이 핑계 저 핑계 대며 절대 오지 않았어. 한 달? 웃기지 마라! 네가 사흘 연속해서 우리 집에 온다면 내가 개새끼의 새끼가 될게."

아들의 무례한 행동에 할머니는 어쩔 줄 몰라 하며 그저 울기만 했다. 나는 뿌리치는 그 아들의 손을 잡고 하나님의 말씀을 전하고 간절히 기도하고 돌아왔다. 그 한 날의 모든 기억들이 악몽처럼 느껴져 정말 그 이튿날은 가고 싶지 않았다. 그러나 이내 '죽은 아들을 살려 내지는 못하겠지만 심방하나 못한단 말인가?' 하고 마음을 고쳐먹었다.

여하튼 하루도 빠짐없이 매일 밤 같은 시간에 무언가를 한다는 것은 참으로 어려웠다. 매일 한다는 것은 그것이 무엇이든지 생활의 최우선이 되지 않으면 안 되는 일이었다. 성도 중에 저녁에 돌잔치라든지 회갑, 고희, 각종 경조사가 있기도 하고 다른 곳에서의 부름이 이어지지 않는가? 그러나 매일 밤 갖가지 약속이나 모임들을 취소하고 최우선으로 그 집을 찾아갔다. 쌀과 반찬, 고기, 과일 등을 싸들고 찾아간 날들이 한 달이 가까워갈수록 그 아들은 여전히 나를 야유했고 무례함은 더해만 갔다. 주님께 '저 불쌍한 영혼을 포기하지 않게 해달라'고 새벽마다 간구하지 않으면 그 날로 끝내고 싶은 심정이었다.

그렇게 약속한 한 달이 되는 날이었다. 그 날은 매일 등을 돌려대고 누워만 있던 그 아들이 일어나 다소곳이 앉아 있었다. 그리고 눈물을 흘리며 예수를 영접했다. 그는 한 달 동안 하루도 빠짐없이 자기 집을 심방한 것은 사람이 한 것이 아니고 하나님이 한 것이라고 말했다. 머리가 하얗게 새어버린 어머니의 손을 잡고 못난 아들을 용서해달라고 했다. 할머니도 울고 나도 울어서 울음바다가 된 그 날 그는 하나님의 자녀가 되었다.

그는 어린 두 손자를 기르며 홀로 남게 될 어머니가 가슴에 깊이 박힌 못처럼 아프게 찌르고 있다고 울었다. 그러나 할머니는 우는 아들을 가슴에 안으며 다독였다.

"네가 주님을 영접했으니 나는 더 이상 바랄 것이 없어. 내 아들과 천국에서 영원히 살 테니 나는 아무 것도 두렵지 않아. 주님의 은혜로 네 아버지 없이도 너희들을 길렀으니 재범이와 재현이도 걱정 말아라. 주님이 잘 보호해 주실 것이다."

그는 열흘 뒤 보라매병원에서 주님의 부르심을 받았다.

"내 아들의 그런 모습은 처음이에요. 마치 천사의 얼굴 같았어요."

그 할머니는 한 달 동안 아들을 심방해 준 은혜를 도저히 갚을 길이 없다며 나와 우리 교회를 위해 기도하고 있다. 매일 새벽마다 정부에서 극빈자에게 배급되는 정부미를 정성스럽게 떼어 성미함 위에 놓고 간다.

그 할머니의 발길은 이십 년이 넘었다. 나를 만날 때마다 환하게 웃으시며 내 손을 꼭 잡는 그 할머니는 아들이 천국에 간 것이 얼마나 기쁜지 어린 손자들을 기르며 살아가는 삶이 조금도 힘들지 않다고 하셨다.

그리고 더 놀라운 열매는 아버지가 천국 가는 것을 지켜본 어린 아들 둘 모두 그 날부터 우리 교회에 나오기 시작했고 지금은 주님의 신실한 종으로 일하고 있다. ❀

모든 이웃에게
그릇을 빌리라

미국 로스앤젤레스에 있는 한 교회에서 부흥회를 인도하게 되었다. 부흥회 첫날 저녁집회 후 성도님 한 분이 상담을 요청해 왔다. 그는 봉제업을 크게 했었는데 이번에 사업이 망하는 바람에 집에서 길거리로 내쫓기게 됐고 어린 딸들은 학교도 못 다니게 되었다며 근심이 드리운 어두운 얼굴로 말했다.

나는 그의 사연을 들으면서 열왕기하 4장에 나오는 한 여인이 생각났다. 그 여인은 해결 방법이 전혀 없을 때 하나님의 사람 엘리사를 찾아왔다. 그 때 그 여인의 남편은 죽었다. 여자에게 있어서 남편은 생명이다. 남편이 죽은 것은 곧 여자가 죽은 것과 같다. 남편이 죽은 것도 견딜 수 없는 고통인데 엎친 데 덮친 격으로 남편이 빚을 잔뜩 지고 죽음으로써 아들 둘이 빚쟁이에게 끌려가 노예가 될 판이었다.

아들들이 노예로 팔려가지 않으려면 어떻게 해서든지 돈을 마련해야 하는데 이 여인은 이상하게도 가장 돈이 없는 사람인 하나님의 선지자를 찾아온다. 엘리사는 그 여인에게 "네 집에 무엇이 있느냐?"고 묻는다.

"기름 한 그릇 외에는 아무 것도 없나이다"라고 대답하자 "너는 밖에 나가서 모든 이웃에게 빈 그릇을 빌리라"고 말한다.

빈 그릇을 빌리라는 것은 그 여인의 지금의 처지를 만방에 떠들어 알리라는 것과 같다. 그 여인이 이웃에게 빈 그릇을 빌리러 오면 이웃들은 왜 그릇을 빌리는지 이유를 묻게 되고 그릇을 빌려주는 모든 이웃은 모두 그 여인의 처지를 알게 될 것이다. 그 여인이 그릇을 다 빌려온 후에 두 아들과 함께 들어가서 문을 닫고 하라고 일러준 일이 있는데 그것은 이웃에게 빌려온 그릇에다 집에 남아 있던 기름을 붓는 일이었다. 빌려온 그릇 전부가 기름으로 찼고 그 기름을 팔아 빚을 갚고 남은 것으로 여인과 두 아들이 생활했다는 이야기다.

이 여인과 두 아들이 평생 잊지 못할 경험을 하게 되는데 그것은 방에 문을 닫고 들어가서 행해진 하나님의 놀라운 능력을 목격하는 것이다. 한 그릇의 기름이 동네에서 빌려온 모든 그릇에 가득 차게 되는 광경이다.

이 골방의 비밀을 체험한 여인과 두 아들은 앞으로 인생의 어떠한 어려움이 닥쳐와도 두려워하지 않을 것이다. 세상을 넉넉히 이길 힘의 근원을 찾았기 때문이다.

나는 그 성도에게 내일 새벽부터 맨 앞자리에 나와 소리 내어 울며 기도하라고 일렀다. 더 이상 아무런 해결책이 없던 그는 새벽마다 소리 내어 울면서 기도했다.

집회가 끝나던 날 그는 나를 다시 찾아와서 자기가 매일 아침 소리 내어 울었더니 교회의 한 성도가 "왜 그렇게 아침마다 우느냐?"고 물었고, 자신은 사업이 망해 겪게 될 처지를 말했다고 했다. 그랬더니 그 성도는 "내일 아침부터 내 세탁소로 나오라"고 하고 "우선 한 달에 2,000달러씩 주겠다"고 했다면서 뛸 듯이 기뻐하는 것이다.

그런데 그 이튿날 세탁소에 다녀온 그는 어깨를 축 늘어뜨리고 힘이 다 빠져나간 모습이었다. 그는 "사모님! 제가 오늘 일찍 세탁소에 출근을 했어요. 그런데 세탁소에 가보니 그 집사님 혼자 일해도 얼마든지 시간이 남을 정도로 일거리가 없었어요. 그래서 저는 '제가 필요하지 않은데 왜 나오라고 했느냐?'고 물으니 자기 아내와 내 아내가 교회에서 같은 구역인데 당신이 일을 하지 않고 나에게 돈을 받으면 당신의 아내는 자존심이 상할 것이고 내 아내는 그 돈이 아까워서 속상해 할 것이 아니냐면서 기본적인 생활을 할 수 있을 때까지 그냥 두 눈 딱 감고 세탁소에 나오라고 하네요. 그렇지만 어찌 뻔뻔하게 그 곳을 다닐 수 있겠어요? 저는 힘에 겹도록 일하는 것이 나아요"라며 낙담했다.

나는 "재정적으로 여유롭지 못한 교우가 사업에 망한 교우를 도우려는 마음을 가진 것은 성령이 준 마음이니 둘이 힘을 합쳐서 열심히 일하던 아름다운 연합을 이루고 두 집이 다 잘 살 수 있을 것입니다"라고 권면했다.

그렇게 일 년쯤 지난 후에 세탁소 주인은 세탁스를 담보로 대출도 받고 지인에게 돈을 융통하여 새로운 세탁소를 인수했다. 나는 속으로 '먼저 하던 작은 세탁소를 그 집사님에게 주고, 목도 좋고 규모도 큰 새로운 세탁소는 자신이 하려나보다'고 생각했다.

그런데 그는 새 세탁소를 돈 한 푼 없는 그 교우에게 내어주고 자신은 현재 하고 있는 작은 세탁소를 그대로 운영했다.

그 이후 두 사람은 자기의 유익을 따라 이윤을 챙기는 일이 없이 서로 양보하며 새로운 사업을 서로 동업해 갔는데 지금은 여섯 군데의 세탁소를 경영하고 있다. 주님은 그 두 사람이 한 그릇의 기름밖에는 남은 것이 없었던 것을 로스앤젤레스 전체에 소문나게 하신 후에 그들이 들고 들어오는 빈 그릇마다 계속해서 물질의 축복을 물 붓듯 콸콸콸 부으셨던 것이다.

골방의 비밀을 이미 체험한 그 두 집사님은 믿음으로 넉넉히 어려움을 이기며 지금도 힘들고 어려워서 울고 있는 교우가 없는지 찾아서 도와주고 쓰러져 있는 교우를 다시 세워주는 일을 하고 있다.

두 집안의 연합은 따로 살고 있으나 한 집에 함께 사는 것처럼 온전한 하나를 이루었다.

우리가 살아가는 인생은 어느 날 남편이 죽고 남편이 진 빚 때문에 내 아들 둘이 노예로 팔려가게 될 정도로 앞이 캄캄한데, 내 손에는 기름 한 병 외에 아무 것도 남아있지 않은 절망적인 때가 있다. 그 때 우리는 궁핍하고 처참한 내 처지를 누구에게도 알리고 싶지 않을 것이다. 그러나 그 때 주님을 찾아 나가야 한다. 그리고 이웃에게 나의 밑바닥 끝이 드러나는 것을 두려워하지 말아야 한다. 오히려 모든 이웃에게 나의 밑바닥을 드러내 보여야 한다. 나의 밑바닥이 깊을수록 주님이 일하신 골방의 능력이 더 높이, 더 뚜렷이 나타날 것이기 때문이다.

너는 밖에 나가서 모든 이웃에게 그릇을 빌리라
빈 그릇을 빌리되 조금 빌리지 말고 (왕하 4:3) ✽

할머니 노숙인

내 책이 전국으로 퍼져나가자 책을 읽은 독자들이 나에게 전화를 하거나 직접 찾아와 상담하는 일이 많아졌다. 밤늦은 시간이든 새벽 시간이든 무시로 전화가 걸려왔고, 상담하러 찾아오는 사람들을 다 맞이하기에는 내 체력이 감당해내기 힘들었다. 그러나 나는 그들이 얼마나 힘들고 고통스러우면 그럴까 하고 마음을 다하여 만나다가 결국 쓰러지고 말았다. 그 이후 상담하는 시간을 수요일로 정했다. 그날따라 유난히 많은 상담자가 왔는데 성도님 한 분이 물었다.

"사모님! 할머니 노숙자가 왔는데 정신도 온전하지 않은 것 같아요. 자기가 무슨 선교회 회장이라 하면서 막무가내로 사모님을 만나야 한다고 하는 걸 보니 분명 사모님을 힘들게 할 것 같아요. 우리가 잘 달래서 보내려고 하는데 어떻게 할까요?"

정신적으로 연약한 할머니, 더구나 노숙자라는 말에 가슴이 아려왔다.

"아닙니다. 제가 만나겠어요."

키가 나보다 작은 그 할머니의 얼굴은 온통 멍 자국으로 시퍼렇고 오른팔에는 깁스를 하여 옷을 제대로 입지 못하고 걸쳐 입었는데 영락없는 할머니 노숙자의 모습이었다.

"사모님! 저는 세계기독간호재단 회장 이송희입니다. 이렇게 만나 주셔서 감사합니다. 저희 선교회가 일 년에 한 번씩 총회와 부흥성회를 합니다.

재작년에는 스위스에서 했고, 작년에는 미국에서 개최했습니다. 올해는 한국 ○○교회 기도원에서 열게 되어 제가 얼마나 설레고 기쁜지 제 나이도 잊은 채 바쁘게 뛰어다니다가 그만 지하철 계단에서 굴렀습니다.

그 때는 정말 죽는 줄 알았습니다. 그러나 다행히 이렇게 팔 하나만 부러졌고 온 몸에 멍이 들었습니다. 이런 모습이 되니 다 할머니 노숙자로 봅니다. 이렇게 할머니 노숙자처럼 된 것이 오히려 주님의 뜻 같아 기쁘고 감사합니다.

저희 선교회 부흥성회에는 각 대학 간호학장, 병원의 간호원장들을 비롯해서 천 명 이상의 간호사가 모입니다. 우리 부흥성회에 은혜를 줄만한 강사들을 선정하여 직접 찾아갔더니 다 문전박대 당했어요. 어려운 처지에 있는 사람들을 그렇게 대하는 사람은 강사로서 자격이 없다는 생각에 사모님을 찾아왔어요. 저희 선교회 부흥 성회의 주강사로 와 주세요."

할머니 노숙자인 줄 알았던 이송희 회장님은 일본 식민지의 암울한 시대에 서울 간호대학을 졸업하고 6·25 전쟁 때는 산처럼 쌓이는 시체와 젊은 군인 부상병들을 보고 국군간호장교에 지망해 육군병원에서 일하셨다. 1956년 미네소타대학으로 유학을 다녀온 후 서울대학 병원에서 6년간 간호과장으로 일하셨고 대한간호협회 사무총장을 맡아 미국과 뉴질랜드 교환간호사 프로그램을 개발했다.

미국으로 이민 후 1998년 세계기독간호재단을 설립하여 2002년 연변과학기술대학에 간호대학을 설립하신 분이다. 지금은 캄보디아 깜뽕짬에 무의촌 건강센터를 세워 운영하고 있었다. 그리고 캄보디아 씨하누크빌과 아프리카 스와질랜드에 기독대학을 설립하신 분이셨다.

여든 살이 넘었지만 나이를 잊고 전 세계로 뛰어다니고 있는 진정 자랑스러운 한국인이었다. 할머니 노숙자라고 문전박대할 뻔했던 그 분과의 만남을 통해 세계기독재단에서는 수백 명의 노숙자들 한 사람 한 사람과 깊은 상담을 해 주고 병든 노숙인들을 치료해주는 간호사가 파견되어 우리와 협력하게 되었다. ❋

1:99

드디어 세계기독간호재단 부흥성회의 날이 왔다. 부지런히 준비하고 있는 시간에 전화가 걸려왔다.

"사모님! 저의 아내가 말기 암으로 죽어가고 있어요. 의사는 오늘밤을 넘기기 어렵다고 합니다. 제 아내는 지금 너무 두려워하고 있어요. 아내가 마지막으로 사모님을 만나고 싶어 해요. 염치불구하고 이렇게 부탁드립니다. 이곳은 강북삼성병원입니다."

"주님! 어디로 가야 할까요? 병원에 가려면 부흥집회를 포기해야 합니다."

나는 어디로 가야 할지 고민하면서 기도하였다. 그리고 이송희 회장님께 전화를 했다.

"회장님! 아무리 생각해봐도 병원으로 가야 할 것 같습니다. 그 영혼은 오늘 주님을 영접하지 못하면 영원히 죽는 것입니다. 영원히 사느냐 영원히 죽느냐 하는 생명이 달린 문제입니다. 그러나 부흥집회는 예수 잘 믿는 사람들이 오는 것이니 살고 죽는 절박한 문제는 아니니까 다른 강사님이 말씀 전할 수 있게 배려해 주십시오."

이송희 회장님은 '늦더라도 기다릴 테니 꼭 오라'며 당부하였다.

병원 침대에서 까맣게 죽어가고 있는 그 여인은 죽음의 공포에 떨고 있었다. 나는 예수 그리스도의 십자가의 사랑을 전해주었고 그는 예수님을 진심으로 영접하였다. 그리고 그 여인은 자신이 위암에 걸린 것이 남편 때문이라는, 그동안 가슴 속에 쌓여 있던 남편에 대한 미움과 원망, 분노를 꺼내놓고 뜨거운 눈물로 회개하였다.

"사모님! 이젠 죽음의 두려움이 사라지고 마음이 평안해졌어요. 하나님의 품에 안기기를 기다립니다."

나는 병원을 나와 C○기도원을 향하여 쏜살같이 달렸다. 약속된 집회 시간에 5분 늦게 도착되었다. 한 영혼의 마지막 가는 길을 지켜본 때문이어서 더 절실하고 뜨거운 부흥성회가 되었다. 집회를 마치고 밖으로 나오니 밤바람이 상쾌하게 나를 스쳐간다.

이내 전화가 왔다.

"사모님! 저의 아내가 한 시간 전에 주님의 부르심을 받았습니다. 환하게 웃으며 천사들의 영접을 받는다고 알려주고 떠났습니다. 마지막 가는 아내를 찾아와 주신 사모님! 너무 감사합니다."

나는 너무 기뻐 깡충깡충 뛰면서 외쳤다. "야호! 주님은 언제나 멋지세요! 오늘 스케줄은 최고로 완벽했어요."

너희 중에 어떤 사람이 양 백 마리가 있는데 그 중의 하나를 잃으면 아흔아홉 마리를 들에 두고 그 잃은 것을 찾아내기까지 찾아다니지 아니하겠느냐 (눅 15:4) ✤

물불을 가리지 않고

뉴저지연합교회 집회 후 사업을 하고 있는 성도들의 소그룹 모임에 초청을 받고 뉴욕에 가게 되었다.

맨해튼의 한 거리는 거의 전부가 한인 상가일 정도로 한눈에 들어오는 한글 간판이 낯익고 반갑고 정겨웠다. 점심 식사를 함께하며 이야기를 나누는 중에 현재 그들에게 경제적 고통의 어두움이 죽음의 그림자처럼 짙게 드리우고 있음을 알게 되었다. 마치 애굽에 내렸던 아홉 번째 재앙인 흑암의 재앙이 내린 것 같았다.

이 흑암의 재앙은 애굽 사람들이 우상 숭배하고 있던 태양을 하나님께서 가려 흑암으로 온 땅을 덮은 것이다. 그래서 애굽 사람들에게는 단지 어두움 자체의 두려움이 아니라 자신들이 믿고 섬기는 신이 죽는 것이기 때문에 더 두렵고 고통스러웠던 것이다.

그러나 이스라엘 백성들에게는 하나님의 빛이 있었다. 또한 이스라엘 백성들에게는 소망이 있었다. 왜냐하면 이 흑암의 재앙이 삼 일만 있으면 끝난다는 것을 알고 있었기 때문이다.

하나님을 믿지 않는 현대인들에게는 돈이 그들의 신이다. 그래서 전 세계에 돈의 재앙이 흑암의 재앙처럼 온 것이다.

하나님을 믿지 않는 사람들은 이 돈의 재앙이 두렵고 고통스럽지만, 하나님을 신으로 믿고 섬기는 우리에게 오히려 이 재앙은 축복의 기간인 것이다. 삼 일만 참고 지내면 영원한 해방의 날이 다가오기 때문이다.

그런데 아이러니한 것은 하나님을 신으로 믿는 자들이 돈을 신으로 믿고 섬기는 애굽인들보다도 이 돈의 재앙을 더 두려워하고 힘들어 한다는 점이다. 나는 그들에게 삼 일만 잘 참으라고, 이 경제의 재앙은 우리의 것이 아니라 하나님을 신으로 믿지 않는 자들의 것이라고 말했다.

목회 사역을 하기 전에 나 역시 사업을 했었다. 우리가 하는 사업은 수영모, 물안경, 수영판, 구경조끼, 비닐튜브, 보트, 오리발 등등 거의 모든 종류의 물놀이 용품을 생산하여 대만, 일본, 홍콩 등 해외로 수출하고 국내에도 판매하는 일이었다.

그 해에는 홍콩에서 들어오는 물안경 전량을 수입하게 되었다. 이미 겨우내 준비한 국산 물안경에다가 수입한 물안경까지 재고가 수없이 넘쳐났다.

그런데 그 해 여름에 우리나라엔 냉해가 들어 여름이 덥지 않고 태풍이 일찍 오는 바람에 해수욕장마다 일찍 폐장하였다.

산더미처럼 쌓인 물안경 재고는 일 년을 기다려야 팔 수 있는 골칫덩어리가 되었다. 게다가 자본이 묶이게 되니 커다란 문제가 아닐 수 없었다.

그 때 그 산더미 같은 재고를 쳐다볼 때의 한숨과 염려를 그 누가 알까? 사시사철 팔리는 물건이 아니고 단지 여름 한 철에 잠깐 팔리는 물건이니 아무리 머리를 짜내도 방법이 떠오르지 않았다. 그 재고 덩어리를 쳐다보기도 싫었다.

견딜 수 없는 심정으로 주님께 기도했다. 그 때 성령께서는 오히려 다른 사람이 갖고 있는 물안경까지 다 인수하라고 하셨다.

내가 사업을 해본 경험으로는 도저히 할 수 없는 일이었지만 재물을 얻는 능력을 하나님이 주시므로 다른 사람이 갖고 있는 재고까지 인수하기로 했다. 그들은 골칫덩어리인 재고를 인수하겠다는 제안에 머리를 갸우뚱하며, 대금도 받지 않고 덤핑가격으로 일 년 후에 결제하는 어음을 받고 물건을 내주었다. 나는 도대체 주님께서 이 엄청난 물량의 물안경을 어디에다 판매하려는 것인지 궁금했다.

그렇게 여름이 거의 다 지나 전국 판매장에 나갔던 물건들이 반품되어 돌아올 즈음인 8월 말의 어느 날, 한 청년이 우리 매장에 오더니 물안경을 하나 살 수 있느냐고 물었다. 나는 낱개로는 팔지 않는다고 했다가 그 청년이 도대체 때 지난 물안경을 어디에 쓰려는지 궁금하여 용도를 물었다. 그 청년은 "최루탄 때문에 눈이 너무 매워서 데모할 때 쓰려고 해요"라고 대답하는 것이었다.

'아!' 내 머리에 반짝 불이 들어왔다. 나는 그 청년에게 물안경 열 개를 무료로 주었다. 그리고 곧바로 아르바이트생을 모집했다.

우리 창고에 산더미 같이 쌓여있던 물안경은 최루탄이 터지는 시위 현장에서 날개 돋친 듯 팔려 나갔다. 우리는 재고 팔아서 좋고, 시위하는 학생들은 독한 최루탄에서 눈을 보호할 수 있어서 좋았다. 주님은 물안경을 불안경으로 바꿔 팔았다.

그 이후부터 사업을 하는 나의 방법이 달라졌다. 어떤 일이든지 하나님께 지혜를 구했고 내가 가지고 있는 경험이나 고정관념을 주님의 지혜 앞에서 얼마든지 포기할 수 있었다.

또한 내가 사업을 하는 시장의 범위가 우리나라라는 좁은 영역에서 벗어나 전 세계로 넓어졌다. 그 이후 여름에도 겨울 물건을, 겨울에도 얼마든지 여름 물건을 팔 수 있다는 자신감이 생겼다.

지난 해 여름 대전에서 CBMC(기독실업인회) 한국대회가 열렸다. 그 때

양모이불로 유명한 회사 대표의 매출목표가 인상적이었다. 그의 꿈은 아프리카의 모든 사람들이 양모 이불을 덮는 것이었다. 끓은 사람들이 웃음바다를 이루었지만 나는 그 사장이 하나님의 판매 전략을 알고 있다는 것을 눈치 챘다.

지금은 우리나라 뿐 아니라 전 세계가 경제적 불황에 힘들어 하고 있다. 주님을 믿는 사람들도 그 고통의 환경에 다 같이 들어와 있다. 우리가 주님의 구원의 그물 속으로 들어올 때 어떤 사람은 질병으로 몸이 부서지고 어떤 사람은 경제적으로 부서지고 깨진다.

그러나 우리가 주님의 구원 안에 들어오고 나면 주님은 우리들의 부서진 몸이나 경제를 회복시켜 주시고 그 처절한 늪에서 구원해 주고 싶어 하신다.

그러므로 날마다 순간마다 어떤 일을 대하든지 어떤 사람을 만나든지 주님께 의지하고 지혜를 구하며 나아가야 한다.

나의 경험, 나의 지혜, 나의 자본을 고집하지 말고 나의 것을 주님의 것으로 바꾸어 하는 사업이 되어야 할 것이다.

나의 지나간 사업 경험이야기를 듣느라 남자 성도님들의 눈이 반짝거렸다. 사업에 힘들어 하던 그들에게 우리들의 주님이 곁에 계시다는 확신을 줄 수 있었다면 더 이상 바랄 것이 없겠다. 그날은 그들이 힘에 겹도록 낸 후원금이 그들의 피처럼, 살처럼, 생명처럼 느껴져 온 날이었다. ❀

최상의 선물

권사님이 참외를 내놓으며 자신 있게 말씀하셨다.
"이 참외 고를 때 주님께 기도하고 골랐으니 정말 맛있을 거야."

"옙, 퉤!퉤!"
"기도하고 골랐다더니 왜 이렇게 참외가 싱겁고 맛이 없나요?"
"아니야! 그래도 그 참외가 리어카에 있는 참외 중에 가장 맛있는 참외임에는 틀림없어." ❀

말하지
않아도
들리는 소리

내 아들과 옆집 아들이 톡톡 싸우고 있을 때
아버지는 창문 너머로 지켜보고 있다.
내 아들이 옆집 아이에게 때리기도 하고
얻어맞기도 한다.
그러나 아버지는 그 광경을 그냥 보고 있다.
그런데 내 아들이 도저히 맞서서
싸울 수 없는 상대
불가항력적인 상대
바로 옆집 아이의 삼촌이
내 아들을 마구 때리고 있다면
아버지는 당장 문을 박차고 뛰어 나와
그 삼촌과 맞서 싸워 주실 것이다.
내 힘으로 아무 것도 할 수 없는 불가항력적일 때
마침 그 때!
내 아버지가 나타나는 것이다.

네 뒤에 누가 있느냐?

성도들이 퇴근하는 시간을 기다려 오후 7시 교회에 모였다. 우리는 매일 저녁 중계동에 가서 우리가 매입한 교회건물을 여리고성을 돌듯 여러 번 돌았다.

종로5가에 있었던 하나르 교회는 삼 년 동안 건물을 임대하여 썼는데 건물 주인이 건물을 비워 달라는 바람에 부득이 교회를 이전하게 되었다. 목회자뿐만 아니라 성도들이 한 마음 한 뜻으로 힘에 겹도록 건축헌금을 해서 교회가 이전할 한 건물을 찾아 계약을 했다. 이미 완공된 건물이 아니고 현재 짓고 있는 건물의 지하 전체 2_0평을 분양받은 것이다.

그런데 중도금까지 들어간 상태에서 분양 사무실 대표가 미국으로 도망을 갔고 실제 건물 주인은 우리에게 돈 받은 사실이 없다고 딱 잡아떼니 우리는 분양 사기를 당한 것이었다.

땅을 입찰 받은 사람과 건물을 건축한 사람, 그리고 분양하는 사람을 모두 제각각으로 다르게 만들어 놓은 것이다. 물론 그들은 세 사람이 한 사람처럼 움직였고 실제로는 하나였는데, 법적으로는 교묘하게 빠져 나갈 구멍을 다 만들어 놓아서 우리는 교회 건축헌금을 다 날리고 갈았고, 교회는 허공에 붕 뜨고 말았다.

건축주와 우리는 서로 그 건물을 놓고 고소를 해서 재판 계류 중이었다.

유정옥 글 | 149

법원에 가 보면 우리와 재판 중인 그 건축주는 모르는 사람이 없었다. 반면에 법 계통에 아는 사람이라고는 아무도 없는 나는 주눅이 들 수밖에 없었고 우리 교회가 재판에 질 것 같은 두려움도 생겨났다.

그 때 우리가 할 수 있는 일이라고는 오직 기도 밖에 없었다. 기도하면 "큰 권세 주께 있으니 큰 권세 주께 있으니 너는 가서 주의 복음 전하라 주가 너 항상 지키리라"는 찬송이 나도 모르게 입에서 흘러 나왔고 그 찬송은 내 마음 속에 쌓여가는 온갖 두려움을 말끔히 내몰아 주었다.

그래서 성도들은 직장에서 일한 뒤 곧장 교회로 퇴근을 했고, 모인 성도들이 다함께 중계동에 가서 그 찬송을 부르며 그 건물 주위를 빙빙 돌았다. 그렇게 하루도 빠짐없이 기도한 지 석 달 정도 되자 건물 공사가 거의 완공되어서 건물의 윤곽이 뚜렷이 드러나고 있었다. 여느 때와 같이 건물을 돌던 우리는 깜짝 놀랐다. 우리가 분양받은 지하가 둘로 나뉘어져 있는 것이 아닌가! 정확히 알 수는 없었지만 건축주가 뭔가 꿍꿍이를 벌이고 있다는 예감이 들었다.

우리는 건물을 돌던 걸음을 멈추고 종로5가에 있는 교회로 돌아가 회의에 들어갔다. 한쪽에서는 무조건 오늘 그 건물로 이사를 가자고 했고 다른 쪽에서는 '그렇게 불법적으로 이사하게 되면 목사님이 경찰에 잡혀가게 되니 재판을 기다리자'는 의견이 팽팽하게 나뉘었다.

그 날은 7월 18일로 마침 장마철이어서 하늘에서는 장대비가 계속 쏟아지고 있었다. 이 두 가지 의견은 절충되어 결국 교회의 이삿짐을 의자 열 개 정도, 극히 일부분만 실어가는 것으로 잠정 결론이 났다. 일부분을 가지고 갔다가 혹시 입주할 수 없는 상황이 벌어지면 그 이삿짐은 버리는 셈치고 다시 종로5가로 돌아와야 하니 그렇게 하자는 것이다.

나는 '만약 이사를 가려면 이삿짐을 전부 가지고 가자'고 제의했다. 그래야 목숨 걸고 교회를 지킬 수 있는 것이지, 이렇게 해보다가 안 되면 돌아오겠다는 마음으로 일을 한다면 결국 패할 수밖에 없을 것이라고 말했다. 그 의견에 성도들이 다 같이 동의하여 그날 밤으로 이삿짐 전체를 싣고 중계동으로 떠나기로 결정되었고, 우리는 준비하기 시작했다.

마침 종로5가는 사대문 안 지역이어서 밤 12시 이전에는 5톤 트럭이 들어올 수 없다고 했다. 우리는 할 수 없이 자정에 이사를 가야 했다.

이삿짐 회사에서 와서 짐을 나르기 시작했고 12층, 13층에서 5톤 트럭 열 대분의 이삿짐이 내려지기 시작했다.

나는 혹시 중계동에 갔을 때 문이 잠겨 있으면 자물쇠를 끊을 수 있는 기구를 구입하러 갔다. 또 벽이라도 뚫어야 하니 큰 해머도 샀다.

내 키보다 큰 해머를 질질 끌고 오자 남자 성도님 한 분이 "사모님 그런 기구를 썼다가는 현장에서 끌려가요. 자물쇠를 자르고 건물에 들어간 것과 벽을 부수고 들어간 것에 대한 형량이 다 달라요. 문이 열려 있어서 아무 것도 파손하지 않고 들어가야 해요'라며 나의 걸음을 막았다.

"집사님! 걱정 말아요. 물론 주님이 다 예비하셨을 테지만 자물쇠를 잘라야 하면 자르고 벽을 부숴야 하면 부숴야죠. 혹시 그러한 행위 때문에 누군가가 교도소에 가야 한다면 제가 갈게요."

내가 집사님을 다시 설득했다.

온종일 내린 비는 밤이 되자 앞이 보이지 않을 정도로 더 세차게 내리더니 밤 12시 무렵 잠시 그쳤다. 밤하늘은 벌겋고 언제라도 폭포수 같은 비를 내리려는 듯 비구름을 잔뜩 머금고 찌푸리고 있었다.

우리는 자정에 종로5가를 떠나 밤 1시경 중계동에 도착했다.

그런데 이게 웬일인가? 마치 우리가 이사 오는 것을 대대적으로 환영이라도 하듯 건물 전체에 불이 환하게 켜져 있고 문이 활짝 열려 있는 것이었다.

자물쇠를 자를 필요도 없고 벽을 부술 일도 없었다. 우리는 오십 톤에 달하는 이삿짐을 210평 면적에 마음껏 늘어놓았다.

　물건을 다 들여놓고 나니 그제야 하늘이 열리고 억지로 참고 있던 비의 물꼬가 터졌는지 노아의 홍수처럼 비가 쏟아져 내렸다.

　그 이튿날 아침 여섯 시에 우리와 재판 중인 건축주가 헐레벌떡 달려와서는 교회 물건이 다 들어온 것을 확인하고 난리를 피웠다.

　알고 보니 우리가 이사한 7월 18일은 그 건물의 준공 검사가 끝난 날이었다. 건축주는 이튿날 아침 아홉 시만 되면 다른 사람의 이름으로 이 건물 등기를 넘기려고 모든 서류를 완비해 놓았다.

　이 밤만 잘 지키면 다른 사람 이름으로, 또 다른 사람 이름으로 건물의 명의 변경이 이루어지도록 해서 우리가 누구와 재판을 해야 할지조차 모르게 만들려고 했던 것이다.

　그래서 그 밤에 건물을 지키려고 사설 경비원 열 명을 사서 그 건물을 지키게 했던 것이다. 그런데 사설 경비원들은 하루 온종일 장맛비가 내린데다 저녁을 지나 자정이 되어도 개미 한 마리 얼씬도 안하니 "이사는 누가 이사를 와? 밤 자정까지 억수같이 비가 쏟아지는데 무슨 일이 있다고 저 야단이냐"며 불을 환하게 켜고 술을 마시면서 지키던 지하를 놔두고 2층에 가서 쿨쿨 잠이 든 것이다.

　건축주는 얼굴이 새파랗게 질려서 나에게 다가오더니 "내가 검찰이며 법원이며 웬만한 윗분들은 다 알고 지내는데 어제 준공검사 끝난 것을 도대체 누가 가르쳐 주었습니까? 아무도 모르게 한 일인데… 어떻게 알고 이 많은 물건을 들여놓았단 말입니까? 도대체 당신 뒤에는 누가 있는 겁니까?"라고 물었다.

　나는 대답했다.

　"예! 저의 뒤에 계신 분은 검사 중의 검사요, 변호사 중의 변호사요, 판사 중의 판사이신 큰 권세를 가지신 분이지요."

"그럼 청와대?" 눈이 휘둥그레진 건축주는 제 스스로 간담이 서늘해져 우리 교회와 맞붙은 고소를 단번에 취하했다. 우리 하나로교회는 1991년 7월 18일 자정에 그 건물에 들어가 22년이 지난 지금도 죽어가는 영혼을 살리는 생명의 城으로 그 곳에 우뚝 서 있다. ❀

가슴에 꿈을 품고

내 가슴에 꿈을 심어준 사람은 초등학교 5학년 때 교회 주일학교 선생님이었다. 현직 초등학교 교사였던 그 분은 다른 반 선생님보다 나이가 많아 아이들에게 인기가 없었다. 나 역시 처음에는 시큰둥했다. 어느 주일날 교회에 갔더니 우리 반이 나와 내 친구 두 명밖에 나오지 않은 것이다. 나는 같은 학년의 친구들이 교회에 나오지 않은 것이 왠지 내 탓인 듯해서 마음이 무거웠다.

"이럴 줄 알았더라면 주일 전에 친구들 집을 찾아가 주일예배에 꼭 오라고 다짐을 받아둘 걸…." 후회막급이었다.

"선생님! 3학년은 열다섯 명이 나오고 4학년은 열 명이 나왔는데 우리 반은…." 나는 선생님을 보자 무거운 마음을 먼저 드러냈다.

그런데 선생님은 "우리 5학년은 2만 명이나 나왔네!" 하는 것이 아닌가. 나는 마음속으로 말했다. "2만 명은 무슨 2만 명이야. 달랑 두 명 뿐인데. 참 이상한 선생님이네."

그런데 나를 또 한 번 놀라게 한 것은 선생님의 교안 노트였다. 마치 2만 명의 어린이들에게 가르치기 위해 준비해온 것처럼 깨알 같은 글씨로 빼곡히 써내려간 것이다. 그 선생님은 말로만 두 명을 2만 명이라고 한 것이 아니었다. 가르칠 때에도 몇 만 명에게 말하는 것처럼 뜨거운 열정으로 강의했다.

날이 갈수록 그 선생님의 가르침은 내 가슴에 뚜렷이 새겨져갔다. 그 선생님의 가르침은 나에게 한 사람을 만 명으로 볼 수 있게 했다.

비록 나에게 유익을 줄 수 없는 한 사람일지라도 결코 소홀히 여기지 않게 하고 마음을 다하여 진지하게 만나게 했다.

그리고 '내가 어떤 사람이 되어야 하나?'라는 내 인생의 꿈을 정하게 했다. 그것은 일당만이라는 의식이었다.

나는 적어도 만 명을 책임지는 사람이 되겠다는 꿈을 꾸게 되었다. 학교에서 자신의 장래 희망을 발표할 때 다른 아이들은 대통령, 의사, 장군, 과학자, 선생님이라고 했지만 나는 "만 명을 책임지는 사람이 될 테야"라고 말하곤 했다. 나는 그 꿈을 이루기 위해 돈이 엄청나게 많은 억만장자가 되거나 큰 권력자가 되어야 한다고 생각했다.

다행히 나는 사업을 크게 하는 남편을 만났다. 그러니까 나의 꿈을 이루려면 일하는 종업원이 만 명이 되어야 할 것이다.

그러나 남편의 회사에서 일하는 사람은 고작 백 명을 넘지 못했다. 나는 우리에게 이익이 없더라도 우리 회사의 경영을 통하여 더 많은 사람이 혜택을 입기를 바랐다. 그러나 엎치락뒤치락 사업의 길은 험난하기만 했다.

예수를 모르던 남편은 사업의 끝자락에서 주님을 만났고 그 길로 사업가의 길을 접고 신학을 하여 목사가 되었다. 목사가 되었으면 성도가 만 명이 되어야 하지 않겠는가? 그러나 밤낮으로 쉬지 않고 열심히 사역을 했지만 우리 교회는 이백 명을 넘지 못하는 약하고 가난한 교회였다.

어느 날 나는 만 명을 책임지는 사람이 되겠다는 내 꿈을 접었다. 아니, 접은 것이 아니라 내 꿈을 쪼개기로 했다. 한꺼번에 만 명이 아니라 하루에 세 명씩 내가 도울 수 있는 사람들을 찾아가기로 했다. 하루 세 명씩 십 년이면 만 명을 만날 수 있으니 내가 할 수 있는 작은 일부터 하기로 한 것이다.

새벽기도가 끝난 후 병원에 찾아가 말기 암환자들을 만났다. 오랜 기간 병원에 있게 되면 환자도 지치고 간호하는 가족들도 지친다.

뭐 대단한 것을 해주는 것이 아니라 그냥 그들의 손을 잡아주고 그들의 말을 들어주고 성경책을 읽어주는 것이다. 그리고 집으로 돌아와 점심을 넉넉히 준비했다. 점심때쯤 나가보면 식사를 못 하시고 놀이터나 동네 공원을 서성이는 할아버지들이 계신다. 그 할아버지들을 집으로 모시고 와서 칼국수나 수제비를 만들어 함께 먹었다.

저녁에는 독거노인들이 살고 있는 영구 임대 아파트를 찾아갔다. 반찬은 미리 준비해 가고 밥은 한 집에서 많이 지어서 집집마다 나눠주었다.

하루 종일 대소변으로 얼룩진 할머니의 몸을 씻겨 주면 너무 시원하다고 이가 다 빠진 얼굴로 활짝 웃는다.

일을 마치고 밤늦게 집으로 돌아오는 길은 지치고 힘들어야 하는데 오히려 몸이 날아갈 듯 가볍고 행복했다.

그렇게 하루, 이틀이 지나고 십 년, 이십 년의 세월이 흘러갔다. 꽃 같은 30대였던 나는 어느덧 얼굴에 잔주름이 진 50대가 되었다. 그렇다면 나의 꿈은 꽃잎처럼 덧없이 강물에 흘러간 것일까? ❋

기적

사람들은 흔히 기적은 엄청난 것, 큰 것, 상상조차 할 수 없었던 것에서 이루어지는 줄 알고 있다. 그래서 무언가 대단한 것이 터지기를 기다리는 사람들이 많다. 그러나 기적은 우리의 일상생활 속 아주 예사로운 것에서 이루어진다.

2004년 1월, 모교인 인일여고에 홈페이지가 생겼다고 친구가 전화로 알려주었다. 나는 서툰 서핑 솜씨로 더듬더듬 홈페이지에 들어가 보았다.

아! 그곳에 그렇게 놀랍고 신비한 세계가 있을 줄이야!

마우스를 움직이는 손끝마다 삼십 년 전의 추억이 되살아나고 나의 여고시절이 그곳에 고스란히 남아 있었다. 저마다 사는 것이 힘들고 고달파서 삼십 년 세월이 살같이 빠르게 지나가는 동안 만나지 못하고 그리워만 했던 친구들의 얼굴이 있고 우리들을 자녀처럼 사랑하고 마음을 다하여 가르쳐 주시던 은사님들이 곱게 늙은 얼굴로 활짝 웃고 있었다.

나는 옛 친구들과 세상 살아가는 이런저런 이야기를 나누고 싶어서 그 날 밤, 글 하나를 써서 올렸다. 인터넷에 글을 써보기는 난생 처음이었다. 그 이튿날 밤에 다시 홈페이지에 들어가 보니 어젯밤 내가 쓴 글에 댓글들이 예쁜 리본처럼 대롱대롱 달려 있었다. 그런데 누군가가 "내가 이 글을 읽고 예수 믿고 싶어졌다"고 써놓은 것이다.

너무 놀랍고 신기해서 가슴이 '쿵쿵' 소리를 내며 떨려왔다.

글 하나로 예수를 전할 수 있다니…. 그 댓글은 하루 종일 내 눈앞에 아른거렸고 글을 쓸 수 있는 밤을 기다리게 했다. 그 날 밤에 글을 또 하나 써서 올렸더니 "내가 이 글을 읽고 자살하려던 생각을 버렸고 삶의 목표가 생겼다"라는 댓글이 달렸다. 나는 너무 기뻐서 흥이 절로 났고 밤마다 글을 쓰는 재미로 시간 가는 줄 몰랐다. 하루 종일 쉴 새 없이 일하는 내가 글을 쓸 수 있는 시간이란 밤 열두 시부터 새벽기도 시간 전인 네 시까지 뿐이었으니 매일 밤을 하얗게 새우며 글을 써내려간 것이다.

글을 쓰면서 지금까지 내가 주님께 받은 은혜와 사랑이 그렇게 많다는 것을 다시금 깨닫고 감사하여 엉엉 울기도 했다.

어렸을 적 붓글씨를 가르쳐 주시던 선생님이 내 손을 잡고 글씨를 쓴 적이 있다. 그 때 선생님이 하시던 말씀은 "네 손에서 힘을 빼라"였다. 그렇게 선생님이 이끄시는 대로 글을 쓴 것처럼 성령님이 내 손을 잡고 글을 쓰고 있는 것 같았다. 때로는 새벽기도를 가려고 서두르다가 어떤 키를 잘못 눌렀는지 밤새 써 놓은 글이 다 날아가기도 했다. 그러면 잠깐은 아깝고 속상하기도 했지만 "아! 이 글은 주님의 마음에 안 들었군요?"하고 새벽기도를 다녀온 후 얼른 다른 소재로 글을 다시 쓰곤 했다.

내가 하루도 빠짐없이 글을 쓰는 이유는 단순했다. 어떤 난치병 환자가 너무 괴롭고 아파서 생을 포기하고 싶었는데 매일 내 글을 기다린다고 그 환자의 아내가 전화를 했기에 너무 아픈 사람들이 덜 아플 수만 있다면 글을 쓰다가 쓰다가 죽어도 좋을 것 같아서였다.

밤마다 글을 쓴 지 두 달이 되어 갈 즈음, 내 글을 읽는 독자들이 매일 밤 인일여고 홈페이지에 들어와서 내 글을 인쇄해서 주변의 이웃들과 돌려 본다고 했다. 또 내 글이 새벽 3~4시 경에 인터넷에 올라가니 가장 먼저 댓글 달기 경쟁까지 벌어졌단다. 그러다보니 인쇄해야 하는 글의 분량이 날이 거듭될수록 많아져서 이웃에게 나눠 주기 어려우니 책으로 발간해 달라는 요청의 글이 올라왔다.

"나는 가난한 목회자의 아내이므로 책을 출판할 여력이 없어 정말 죄송하다"고 했다. 그러자 그 이튿날 오산 성심병원장 조선호 박사님이 주관하고 홈페이지 인터넷 독자들이 내 글을 책으로 출판할 돈을 모으기 시작했다.

책이 나오기도 전에 독자들이 선금을 낸 것인데 곳곳에서 아름다운 손길들이 모여졌다. 한 달 후 조선호 박사님은 "좋은 책으로 출간하여 그 이름의 분량대로 발송해 주세요. 내 인생에 가장 보람된 일이 될 것 같아요"라며 내 손에 천만 원을 건네주고 가셨다.

책으로 출간된 것도 아니고 그저 인터넷에 올라가 세상으로 떠돌아다니고 있는 나의 글을 나중에 책으로 받을 것을 믿고 선금을 내준 그 이름들을 놓고 나는 매일 기도하기 시작했다. 그 손길이 너무 감사해서 그들에게 기쁨과 보람을 주고 싶었다. 책을 발간해 달라고 원고를 출판사 세 곳에 보냈다.

그러나 내 원고는 출판사마다 거절을 당했다. 아마 내가 무명의 작가였기 때문이리라.

출판을 위해 사흘 금식을 했다. 그 후 인터넷에 떠돌아다니던 내 글들은 한 권의 책(울고 있는 사람과 함께 울 수 있어서 행복하다)으로 태어나 수많은 사람들과 만나게 되었다. 주님은 이 보잘 것 없는 책 한 권으로 기적을 이루셨다. ❀

입소문

　　내 책은 초판에 3,000권이 나왔다. 이미 선금으로 받은 천 명의 명단을 놓고 책을 발송하고 나니 2,000권이 남았다. 이 책들을 평생 동안 두고두고 지인들에게 나누어 주려고 마음먹었다. 그런데 9월 어느 날, 일간지인 D일보 사회부 기자가 나를 찾아와 인터뷰를 하겠다는 것이 아닌가.

　　나는 단번에 거절의 뜻을 전했다.

　　"기자 양반! 왜 이렇게 딱한 부탁을 하오. 선생님이 아이들 가르치고 인터뷰 한다면 다 웃을 것이요, 또 의사가 환자 고쳐 놓고 인터뷰 한다면 더 크게 웃을 것이요, 하물며 목회자 사모가 이웃을 위해 손톱만큼 일하고 인터뷰 한다면 당연히 할 일을 하고 떠드는 것이나 다름없으니 부끄럽기 그지없는 일이 될 것입니다."

　　그러나 기자는 끝까지 포기하지 않았다. 그래서 할 수 없이 단 한마디도 더하거나 빼지 않고 정직하게 기사를 써 줄 것을 약속받고 인터뷰를 해 주었다.

　　그 이튿날 D일보 사회면 전면에 내 기사가 났다. 신문에 기사가 나가자 곳곳에서 내 책을 찾게 되어 남아 있던 2,000권이 다 나갔고 새로운 주문이 쇄도했다. 나는 내가 쓴 글이 책이 되리라 생각해 본 일이 없다.

　　더구나 그 책이 판매될 줄로는 상상도 못했다. 내 책은 출판되자마자 만 권씩 2쇄, 3쇄에 들어갔다. 책 출판비도 없었던 나의 사정을 아시는 하나님이 한 푼도 안들이고 D일보에 대대적인 광고를 내 준 셈이었다. 그 이후 내 책은 아무런 광고도 없이 술술 팔려 나갔다.

주님은 책을 판매하는 방법을 전혀 모르는 나를 위하여 기발한 전략을 세워 두었는데 그 방법은 바로 입소문이었다.

내 책은 광고 한 번 없이 그저 입소문으로만 팔려 나갔다. 내 책의 자리를 전혀 할당하지 않던 서점들이 하나씩 둘씩 내 책을 독자들 눈에 띄는 좋은 자리에 진열하기 시작했다. 이 곳 저 곳에서 책 주문이 쇄도하자 아들이 나에게 말했다.

"어머니! 어머니는 지금 위기를 당했어요."
"위기라니? 무엇이 위기야? 내 인생의 가장 찬란한 때다!"
"어머니! 우리가 사업에 실패했을 때나 질병으로 고생할 때나 고통 속에 있을 때는 하나님을 찾지 말라고 해도 쉬지 않고 찾게 되지요. 그러니까 우리는 어렵고 힘들 때가 위기인 줄 알지만 실상은 하나님을 만날 수 있는 축복의 기회이지요. 그러나 우리가 사업에 성공했을 때나, 건강할 때나 배부를 때, 모든 일이 순조롭게 잘 되 나갈 때는 하나님을 부르지 않고 하나님을 잊게 되기 때문에 오히려 그 때는 신앙의 위기가 되지요. 그동안 어머니는 적은 수입을 가지고 어렵고 힘들게 우리 가정과 교회를 이끌어 오시는 동안 매일 매 순간 기도로 하나님을 믿고 의지했는데 지금은 많은 돈이 들어오니 바로 신앙의 위기인 거예요. 그리고 하나님이 무엇을 싫어하시는 줄 아세요? 잉여를 싫어하세요. 하나님은 우리에게 꼭 필요한 것 외에 남겨 놓는 것을 싫어하세요. 그러니까 옷이 두 벌이면 한 벌을 이웃과 나눠야 하는 거예요."

아들의 말에 정신이 번쩍 들었다. 아들들을 증인삼아 내 책을 앞에 놓고 주님께 서원했다.

"주님! 이 책의 내용은 이십 년간 주님이 저에게 베풀어 주신 은혜의 내용이며 책은 독자들이 돈을 거두어 만들어 준 것이므로 저는 모든 것을 거저 받은 것이니 주님이 가장 가슴 아파하는 사람들을 위하여 이 책의 수익금을 다 쓰겠습니다."

주님께 서원하자 이상하게도 그 날부터 곳곳에서 나를 강사로 초청하기 시작했고 책은 날개 돋친 듯 팔려 나갔다.

상사병

서울대와 세브란스병원에서의 특강을 시작으로 곳곳으로 집회 초청을 받았다. 2004년 12월 미국 뉴저지에서 집회 초청을 받고 오십여 평생 동안 한 번도 가본 일 없는 지구 반대편의 멀고 먼 나라 미국을 향했다.

눈이 내린 뉴욕 공항에 도착하니 나구용 목사님과 나영자 사모님, 교회 성도들이 마중 나와서 나를 반갑게 맞아 주었다. 나 목사님은 뉴저지연합감리교회에서 이십 년째 목회를 하고 계신다. 시인인 사모님은 인터넷에 올라간 내 글과 만났고 서로 깊은 이야기를 나누며 지내다가 나와 믿음의 언니, 동생으로 자매관계가 되었다.

집회가 끝나고 목사님과 성도들은 나에게 뉴욕의 야경을 구경시켜 주었다. 세계적인 도시 뉴욕은 거리마다 사람마다 성탄의 기쁨으로 출렁이고 있었다. 말로 표현할 수 없는 황홀한 야경은 노래와 함께 울려 퍼졌고 거리에는 감탄의 탄성이 메아리쳤다. 나 역시 콧노래를 부르며 그 멋진 도시의 축제 속에 젖어들었다.

그 때, 번쩍이는 불빛으로 익숙해진 나의 눈이 그 곳에 딱 멈췄다. 어느 교회 담벼락에 종이처럼 구겨져 잠을 자고 있는 노숙인이 있었다.

"교회가 저들에게 문을 열어주면 저렇게 밖에서 자지 않아도 될 텐데…."

나도 모르게 탄식이 흘러나왔다. 나 목사님이 곁에서 안타까운 목소리로 말했다.

"그래도 저 곳이 교회 건물 담벼락이어서 노숙인들이 잠을 잘 수 있는 것이지 다른 건물 같으면 잠을 자도록 내버려두지 않고 내쫓고 말아요."
그 때 목사님은 내 가슴에 깊이 꽂히는 말 한마디를 던졌다.
"사모님! 한국 노숙인은 더 비참해요."

나는 몰랐다. 뉴욕의 눈이 부시도록 휘황찬란한 거리에서 깔깔거리며 밀려다니는 사람들과 뼛속까지 스며드는 추위와 굶주림 속에서 죽은 듯이 살고 있는 노숙인들이 모두 나의 이웃이었다는 것을….

한국으로 돌아온 이후, 살을 에는 추위에 얼음장 같은 땅 위에서 웅크리고 잠을 자던 홈리스들의 모습이 눈앞에 아른거렸고, "한국 노숙인은 더 비참해요!"라는 말이 귀에서 메아리쳐 잠을 이룰 수가 없었다.
눈을 감아도 눈을 떠도 그들의 비참한 모습이 내 눈에서 떠나지 않고 자꾸만 보였다. IMF 때 늘어나는 실업과 경기 침체로 노숙인들이 급증한다는 언론 보도가 시끄럽게 떠들었을 텐데, 나는 무관심하여 IMF 이후 7년이 지난 그때까지 노숙인이라는 이름조차 들어본 일이 없었다. 아니, 그들이 나와 함께 한 하늘 아래 살고 있다는 것조차 몰랐다.
나는 매일 밤 나를 고민에 빠뜨리는 노숙인에 대한 무거운 마음의 짐을 떨쳐버리기 위해 어느 날 새벽 현지를 답사하러 청량리로 나갔다. 아직 어두움이 가시지 않은 겨울 새벽의 차디찬 공기 때문에 몸이 덜덜 떨려왔다.
청량리역 벤치와 건물의 후미진 곳에서 웅크리고 자는 사람들이 눈에 들어왔다. 그들이 잠을 자고 있는 오늘 새벽은 올겨울 들어 가장 매서운 추위다. 어쩌면 저들 중에는 어젯밤 잠들어 오늘 아침에 깨어나지 못하고 얼어 죽는 자들도 있겠다 싶었다. 청량리 쌍굴다리 건너에 가니 그곳에 노숙인 몇 명이 벌써 와서 기다리고 서성이고 있다. 아직 컴컴한 어둠속이지만 그 곳에 와있는 노숙인들이 할아버지인 것을 알았다.

"왜 여기에 벌써 와 계세요? 아! 점심을 주는 것이 아니고 아침을 주나 보군요."

그런데 이가 다 빠진 그 할아버지의 대답은 달랐다.

"이따가 11시 40분에 주는 점심 먹으려고 왔어. 이제 조금 있으면 줄을 길게 서는데 힘깨나 쓰는 놈들에게 우리처럼 힘없는 늙은이들은 뒤로 밀리기 일쑤지. 그래서 이렇게 일찍부터 앞자리에 와서 줄 서있는 거야. 그러니까 밥을 주려면 아침 밥 좀 줘! 우리들은 밥 못 먹으면 얼어 죽어! 너희들처럼 한 끼 먹어도 되고 안 먹어도 되는 게 아니야. 우리들은 한 끼의 밥이 그냥 밥이 아니고 목숨이야!"
"할아버지! 만약 제가 밥을 드리게 된다면 반드시 새벽밥을 드릴게요. 그러나 지금은 밥을 지을 주방도 없고 그릇도 없고 아무 것도 없어요."

나의 들릴까말까 하는 작은 소리를 들었는지 그 할아버지는 말을 이어갔다.

"밥 못주면 물을 주면 되잖아. 웬 핑계들이 그렇게 많아. 어쩌구 저쩌구 말들만 하지 말고 따뜻한 물 한모금만 줘! 아니 물 주는 게 뭐가 그렇게 힘들어?"
"따뜻한 물 한 모금!"

그 할아버지의 목소리가 왜 천둥치는 소리로 들렸는지 모른다.

"내 아버지께 복 받을 자들이여 나아와 창세로부터 너희를 위하여 예비된 나라를 상속 받으라 내가 주릴 때에 너희가 먹을 것을 주었고 목마를 때에 마시게 하였고 나그네 되었을 때에 영접하였고 헐벗었을 때에 옷을 입혔고 병 들었을 때에 돌보았고 옥에 갇혔을 때에 와서 보았느니라"(마25:34~36).

나는 평소에 주린 자에게 먹을 것을 주고 목마른 자에게 물 한 모금 주는 일이 어찌 이렇게 엄청난 상을 받나 의아해 했다. 먹을 것을 주고 물 한 모금 주는 일은 대단한 일이 아니고 정말 쉬운 일이다. 밥 한 그릇, 냉수 한 그릇 주기 위해 땅 팔고 집 팔아야 하는 사람은 한 사람도 없으리라. 주님은 우리에게 우리가 할 수 없는 어려운 일을 하라고 하지 않으셨다. 우리가 얼마든지 할 수 있는 쉬운 일을 시키셨다. 그리고 그 쉬운 일을 한 사람들에게 이렇게 칭찬하셨다.

"너희가 여기 내 형제 중에 지극히 작은 자 하나에게 한 것이 곧 내게 한 것이니라"(마 25:40).

그런데 이 일을 어쩌면 좋으랴! 아무리 곰곰이 기억해 보아도 물 한 모금 주는 그 쉬운 일을 내가 실천한 기억이 없는 것이다. 집으로 돌아오는 길에 회개의 눈물이 하염없이 흘렀다.

"주님! 저는 이렇게 무자비한 자요, 무정한 자입니다. 추운 겨울 길거리에서 자고 일어난 저 불쌍한 영혼들에게 따뜻한 물 한 모금 준 기억이 없습니다. 이 일을 어쩌면 좋습니까?"

청량리에서 집으로 돌아온 나는 곧장 물 주전자와 이동식 가스레인지와 물통을 사러 시장으로 나갔다. 그것들을 준비해 놓고야 그날 밤 잠을 잘 수 있었다.

혹시 내 마음에서 떠나지 않는 부담이 있다면, 내 눈이 자꾸 머무는 곳이 있다면, 그것 때문에 잠이 오지 않는 거룩한 고민이 있다면 그것은 주님이 나에게 준 사명이다.

이가 다 빠진 노숙자 홀아버지로 변장한 주님이 나에게 말씀하셨다.

"딸아! 이 사람들이 너무 배고프단다. 네가 먹을 것을 주어라. 이 사람들이 너무 춥단다. 네가 입을 것을 주어라. 이 사람들이 너무 외롭단다. 네가 그들 곁에 함께 있어 주거라."

나는 그 날부터 노숙인을 연민하는 깊은 상사병을 앓았다. ❀

소중한사람들

온 대지가 꽁꽁 얼어붙은 새벽길, 서울역 지하도에는 비가 내린 듯 물이 질퍽하다. 누군가 소변을 본 오물인 듯 그 물에서 냄새가 진동한다. 여기 저기 웅크리고 잠을 자고 있는 노숙인들이 눈에 들어온다. 나는 따뜻한 방에서 잠을 자고 일어나고도 몸이 속수무책으로 움츠러든다. 어젯밤 노숙인이 얼어 죽었다는 뉴스를 들어서인지 땅바닥에 신문지를 깔고 자고 있는 노숙인들이 혹 죽은 것이 아닐까 눈여겨보게 된다.

노숙인들과 만나던 첫 날, 나는 정말 낯설고 무서웠다. 어디 며칠이나 버티나 보자 하는 비웃음으로 물통을 발로 걷어차고, 엉덩이를 만지고, 내가 빤히 보는 앞에서 바지를 내리고 소변을 보는 사람도 있었다.

어떤 것을 해주어도 감사할 줄 모르는 사람들… 스치기만 해도 가슴에 끓고 있는 분노가 용암처럼 터져 나오는 사람들…. 나는 그들을 도울 아무 준비도 되어 있지 않았다. 오히려 예기치 않던 방해와 오해와 가시 같은 비판을 감내해야만 했다.

어떤 이들은 "노숙인들은 일하기 싫어하는 게으른 자들이니 배고파 굶어 죽어도 마땅하다"거나 "그들을 돕는 것은 악을 돕는 것과 같다"고도 했다. 나의 뜨거웠던 마음은 이내 찬물을 끼얹은 듯 사그라지고 다시는 이곳에 오지 않으리라는 다짐을 하면서 집으로 돌아왔다. 그날 아침, 미국 로스앤젤레스에서 홈리스(Homeless) 사역을 삼 년째 하루도 빠짐없이 하고 있는 김 목사님으로부터 한 통의 이메일이 왔다.

"나로 인해 한 사람의 노숙인이 한 겨울을 조금이라도 따뜻하게 지낼 수 있다면, 그리고 그들의 허기진 배를 채울 수 있다면 거기에 감사하고 그들과 함께 천국에 갈수 있다면 얼마나 좋겠습니까?

예수님의 삶도 부자를 만나시거나 권력자를 만나시지 않고 가난한 사람들 그저 보통 사람들을 찾으시고 그들과 함께 하셨습니다.

노숙인들을 복잡하게 생각지 마십시오.

그저 잘 곳이 없어 길에서 자고 먹을 것이 없어 굶주린 불쌍한 이웃이라는 것만 생각하십시오.

입을 것이 없어 덜덜 떨고 있는 헐벗은 모습만 보십시오.

예수님은 그들이 무엇 때문에 그런 형편이 되었느냐고 질책하거나 비판하시지 않으실 것입니다.

예수님도 머리 둘 곳 없이 유리하셨던 노숙인이었습니다.

그들에게 크고 좋은 것을 주려고 하지 마십시오.

그들이 사모님께 받고 싶어 하는 것은 밥이나 라면이 아니라 그들을 향한 진실한 사랑입니다."

나는 이 편지를 뜨거운 회개의 눈물로 받았다. 우리에게 있는 확실한 소망은 우리에게 주신 소원이 내 소원이 아니고 주님이 주신 선한 소원이라면 주님께서 반드시 이루어 주신다는 것이다. 내 가슴에서 귀찮다고, 싫다고 뽑아버리지만 않는다면 가만히 품고만 있어도 반드시 들어 주신다.

동역자들이 하나 둘 도여들었다. 새벽 급식은 봉사자들을 얻기 어려워서 맡아 봉사하는 단체가 없었다. 그래서 우리가 새벽급식을 하기로 했다. 지금은 컵라면을 주고 있지만 조만간 뜨끈한 국밥을 줄 수 있게 해 줄 것을 믿었다. 우리가 노숙인들을 맞이하는 현수막에는 "당신은 하나님께 소중한 사람입니다"라고 쓰여 있다. 사회와 가족에게서 버림받은 그들이지만 자신이 하나님께 얼마나 소중한 존재인가를 깨닫고 주님의 자녀가 되도록 하는 것이 우리들의 간절한 바람이기 때문이다.

컵라면을 다 먹고도 그들은 돌아갈 줄을 모른다.

"뭐 도와 드릴 것 없어요?"

주위를 빙빙 돌다가 그릇을 차에 날라다주고 청소도 함께 하면서 즐거워한다. 착하고 순한 양 같은 노숙인들…. 나는 새벽마다 애인을 만나러 서울역으로 달려간다. 주님께서 각양의 노숙인의 모습으로 변장하고 그 곳에 와 계시기 때문이다. ❋

잔치

　　겨레의 명절인 설날이 다가온다. 그 때마다 떠오르는 추억이 있다. 여러 봉사자들과 함께 노숙인을 섬기는 일을 하고 있는 나는 그 해 설날에는 '어떻게 해서라도 노숙인들이 맛있는 떡국을 먹을 수 있었으면…' 하고 며칠 전부터 조바심이 났다. 그들도 명절을 느끼고 겨레의 큰 잔치를 즐거워할 수 있었으면 좋겠는데….

"주님! 이번 설날에는 노숙인들도 떡국을 먹을 수 있으면 좋겠어요."

　　처음에 이것은 그저 나만의 바람인 줄 알았다. 그런데 주님도 그들에게 가족과 고향의 향수를 느낄 수 있는 설날을 주고 싶으셨나보다. 이틀 전 어떤 할머니에게서 전화가 왔다.

　　손자의 돌잔치가 마침 설날이라면서 주님이 기뻐하는 잔치가 되었으면 한다고 하셨다. 그러면서 손자인 예준이의 돌잔치를 집에서 하지 않고 잔치 비용을 노숙인들을 위해서 쓰겠다고 하셨다.

　　이렇게 예준이의 돌잔치는 수많은 노숙인들에게 설날을 느끼게 했고 그들에게 따뜻한 떡국을 먹을 수 있게 해 주었다. 우리는 예준이의 이름으로 송금된 돈으로 마장동에 가서 소뼈와 소고기를 샀다.

　　또 떡집에서 설날에 팔려고 미리 준비해 놓은 떡국 전량을 샀다. 나는 밤에 소뼈를 우려내어 육수를 만들고 소고기로 고명을 만들었다. 새서울교회

유 집사님은 계란 지단과 김을 준비하기로 했다. 이렇게 우리 여러 사람의 마음이 녹아든 떡국은 생각만 해도 맛있을 것 같았다. 그들에게 줄 음식이 가득히 실린 차를 타고 서울역으로 향하는데 너무 기뻐서 입에서는 찬양이 나왔고 몸이 저절로 들썩거렸다. 음식을 준비하느라 밤을 새웠지만 조금도 피곤하거나 힘들지 않았다. 우리는 떡국을 내 부모님께 드리는 마음으로 준비하였다. 그랬더니 예배를 마치고 떡국 한 그릇씩을 받아 든 그들은 연신 이렇게 말했다.

"이렇게 맛있는 떡국은 난생 처음이야!"

어떤 이는 떡국을 앞에 놓고 한 입도 먹지 못하고 눈물만 뚝뚝 흘리기도 했다. 수염에 콧물이 얼어붙은 채로, 이가 다 빠진 채로 우리를 쳐다보며 가장 맛있다고 칭찬하며 웃어주는 그들을 보면 나는 너무 행복해서 한껏 들뜬 어린아이가 된다.

"내일은 예준이의 돌잔치예요. 여러분들이 다 와서 함께 먹으며 예준이의 돌잔치를 축하해 주세요!"

나는 오늘 밤 쵸코파이로 예준이의 생일케익을 준비할 것이다. 그리고 예준이에게 돌잔치 이야기를 자세히 써서 예준이의 생일선물로 주려고 한다. 예준이가 어른이 되면 자신의 돌잔치는 구름같이 많은 서울역 노숙인들과 함께 나누었음을 기뻐하게 될 것이다. 그리고 내일은 오늘보다 훨씬 더 맛있게 떡국을 끓일 수 있을 것 같다. 이 밤에 마음을 다하고 정성을 다하여 음식을 장만할 테니까….

어떤 사람은 자기 한 사람 먹을 것을 천 명과 나누어 먹는 사람이 있다. 또 어떤 사람은 천 명이 먹을 것을 자기 한 입에 먹는 사람이 있다. 예준이의 돌잔치를 시작으로 앞으로 수많은 잔치가 어려운 이웃과 나누는 행복한 잔치가 되었으면 좋겠다. ❊

나도 이제는

　　　　　　눈에 띄던 노숙인이 보이지 않을 때 두 가지의 마음이 교차한다. 하나는 무언지 잘 되어서 노숙의 삶을 청산하고 그리운 가정으로 돌아갔을 것이라는 좋은 생각과 다른 하나는 몸이 아프거나 상황이 더욱 나빠져서 노숙조차 하지 못하는 어려운 처지가 되었을 것이라는 것이다.

　그를 마지막으로 본 것은 11월말이었다. 다른 사람들보다 유난히 키가 작았던 그는 민첩한 움직임이 마치 원숭이와 같았다. 차에 가득 싣고 간 물건들은 그의 손이 닿기만 하면 눈 깜짝할 사이에 없어졌다. 그가 휙휙 지나다닐 때마다 휴지통이 비워지고 이리저리 뒹굴던 박스들이 없어지고 더럽고 너절하던 서울역 지하도는 깨끗하게 정돈됐다. 그는 잘한다고 칭찬을 해 주면 밥도 먹지 않고 땀을 뻘뻘 흘리면서 일을 하곤 했다. 그에게는 궂은 일, 힘든 일이 따로 없었다. 그는 밥 한 그릇을 감추어 놓고 일하다가 그 밥을 빼앗기는 일이 흔했다. 빼앗긴 것이 아니라 시간에 늦게 와서 밥을 미처 배식 받지 못한 사람들에게 조금씩 나누어주다 보니 자기 먹을 밥까지 다 주게 된 것이다.

　하루는 청소를 부지런히 마친 그가 나에게 다가와서 말했다.

　"사모님! 저 눈이 아파서 안과에 가야 해요. 보라매병원인데 영등포에 있어요."

　눈이 아프다기에 그의 눈을 자세히 보니 노랗게 고름이 차 있었다. 그는 아픈 눈을 부비던 손으로 내 손을 잡고 자꾸 자기 얼굴로 가져가려고 했다. 그런데 나는 그에게서 뒷걸음질 치고 있는 것이 아닌가! 나는 그의 손이 닿지 않도록 몸을 잔뜩 움츠리고 건성적인 대답만 했다. 그는 세 번을 연거푸 그렇게 호소했으나 그 때마다 나는 그에게서 더 멀리 떨어지려했다.

조금 있으려니 목사님이 물건을 차에 싣기 위해 지하도에서 올라오셨다. 그러자 그는 목사님에게 가더니 조금 전에 나에게 한 행동 그대로 반복했다. 목사님은 조금의 거리낌이나 주저함 없이 고름이 가득 고인 그의 눈에 손을 얹고 간절히 기도하는 것이었다.

"주님이 치료해 주시지 않으면 이 영혼은 도움을 요청할 아무런 곳이 없습니다."

목사님이 기도하는 모습을 보며 나는 주체할 길 없이 뜨거운 회개의 눈물이 쏟아졌다.

"아! 저들을 진정으로 긍휼히 여기는 심정이 목사님에게 가득했구나. 저 모습이 나와는 다른 점이야."

그에게서 뒷걸음치며 멀리 떨어지려 했던 나의 발걸음이 얼마나 부끄러웠는지 그 사람을 도저히 쳐다볼 수 없었다. 나는 그동안 노숙인들은 더 이상 잃을 것이 없는 사람들이어서, 다루기가 힘든 사람들이고 그들은 험악한 사람들이기 때문에 여자인 나는 당연히 통솔할 수 없다고 단정했다. 그들과 섞일 수 없다고 간격을 두고 있었던 것이다.

나는 오늘도 그 키 작은 노숙인을 많은 무리 중에서 두리번거리며 찾았다. 그의 건강해진 눈을 보고 싶어서, 또한 그날 나의 냉정함을 용서받기 위해서다. 나도 이제는 고름이 흐르는 그들의 환부에 주저없이 손을 얹고 간절히 기도할 수 있을 것 같다. 그를 만나면 그가 내 손을 잡아당기기 전에 내가 먼저 그를 위해 기도해 주려고 단단히 벼르고 있다.

그런데 왜, 오늘도 그는 나타나지 않는 것일까? ❋

만능열쇠

서울역 노숙인들은 뼛속까지 스며드는 추위로 몸이 오그라들고 있다. 훈훈한 아파트에서 반바지를 입고 겨울을 여름처럼 지내는 많은 사람들이 그 추위를 가히 짐작이나 할 수 있을까?

새벽밥을 배식하기 위해 잠깐 추위에 노출되는 우리들의 몸도 그 추위로 동상에 걸린다. 거리의 추위는 보통 4월까지 풀리지 않으니 항상 거리에서 살고 있는 그들의 몸은 이루 말할 수 없다. 그날 밤은 뚝 떨어진 영하의 기온이 기승을 부린다는 기상예보를 들었다. 그래서인지 좀처럼 잠이 오지 않았다. 그래서 한밤중에 센터 주방에 나와 생강차를 끓였다.

노숙인들은 추위를 참지 못해 술을 마시고, 추위는 술을 마신 그들을 죽음으로 몰고 간다. 밤 열 시에 생강차와 담요를 차에 싣고 서울역으로 나왔다. 추위에 떨던 그들은 생강차를 보더니 마시고 또 마시고… 한 사람이 열 컵도 더 마시겠다고 아우성들이다.

생강차를 나누어주는 서울역 광장에 끝도 없이 늘어선 노숙인의 행렬이 이어졌다. 그 때 목사님은 무엇을 보셨는지 황급히 어둠속으로 달려 가셨다. 우리를 오라고 손짓하기에 가서 보니 술에 취해 쓰러진 할아버지 노숙인이 오줌으로 뒤범벅이 되어 얼어 죽어 가고 있었다. 할아버지의 옷은 오줌이 그대로 얼어 버적버적 소리가 났다.

유정옥 글 | 175

목사님은 그 할아버지를 그대로 업어서 KTX대합실로 옮겨놓았다. 우리는 한 바탕 소동을 치르면서 노숙인들이 위급한 상황을 당하거나 어려움에 빠져 누군가의 도움이 필요할 때 호소할 곳이 없다는 것을 알았다.

나는 마음속으로 조용히 기도했다. "주님! 이 사람들에게 등대와 같은 곳을 주세요. 서울역 주변에 작은 공간을 하나 주십시오. 공중전화 부스만한 비좁은 곳이어도 좋아요. 노숙인들이 어렵고 힘든 일을 당해 위급할 때 달려와 호소할 수 있고 그들을 도울 수 있는 곳이면 됩니다."

기도하고 있는 내 몸을 흔드는 한 노숙인이 있었다. 이가 다 빠지고 광대뼈가 불쑥 나온 그는 "사모님! 저희들이 밥은 어디선가 얻어먹을 수 있지만 씻을 곳이 없어요. 저희들이 씻을 수 있도록 도와주세요"라고 말했다. 세차게 부는 겨울바람 속에 그의 목소리는 들릴 듯 말 듯 작았다. 하지만 그 소리는 깊은 연민의 소리가 되어 내 가슴을 울렸다.

잘 씻지 못하는 노숙인들은 11월이면 손이 트고 12월이면 손과 발에서 피가 난다. 그 위에 딱지가 앉고 또 갈라지고…. 그날 밤부터 내 가슴속에는 자나 깨나 "주님! 노숙인들에게 샤워장을 주세요"라는 기도뿐이었다.

그렇게 일주일이 지난 어느 날, 전화 한 통이 걸려왔다. 창원에 사는 남혜정이라는 분이었다. 내 책을 읽고 감동을 받아 몇 년 동안 불입한 적금을 타서 보내니 선한 일에 사용해 달라는 내용이었다. 그 전화와 함께 천만 원이 송금되었다. 우리는 노숙인들을 위한 샤워장을 마련하라고 보내주신 주님의 응답임을 알고 그 길로 샤워장 할 만한 곳을 찾아보았으나 그 돈으로는 어림도 없었다.

서울역 주변을 샅샅이 돌며 발품을 팔았더니 식당을 하다가 문을 닫은 한 점포가 나와 있었다. 여섯 평의 비좁은 점포는 보증금 천만 원에 월 임대료가 70만 원이었다. 노숙인들이 씻으러 오기에 가깝다는 조건 하나만 보기로 하고 선뜻 계약을 했다.

물론 우리는 새벽에 천여 명의 노숙자들에게 아침밥을 나누어 주는 일도 벅찬 상태였다. 샤워장을 열면 점포 임대료, 인건비, 상하수도 요금, 가스 요금, 칫솔, 치약, 면도기, 비누, 수건 등 생각지도 못한 경비 지출이 줄줄이 따라올 것이다. 그러나 우리는 이 모든 어려움을 주님께 맡기고 식당을 개조해 샤워장으로 만들었다. 이곳의 이름은 시냇가라 지었다. 우리네 부모님들이 빨래를 하고 멱을 감던 시냇가!

"…시냇가에 심은 나무는 철을 따라 열매를 맺으며 그 잎사귀가 마르지 아니함 같으니…."(시 1:3)

시냇가는 그 이름대로 노숙인들이 빨래를 하고 목욕을 하는 곳이 되었다. 그들이 위급한 일을 당하거나 힘들고 어려울 때 달려와 도움을 요청할 수 있는 등대와 같은 곳이 되었다.

우리는 다른 사람을 도울 때 어디서부터 어떻게 도울까 하며 난감해 할 필요가 없다. '이보다 더 좋은 것으로 줄 수 없을까?'라는 물음이 대한 답을 찾고자 하면 어떤 어려운 일이라도 도울 수 있다. 이 즐거운 고민은 힘들어 쓰러진 우리의 이웃을 일으켜 세워 줄 수 있는 만능열쇠이기 때문이다.

"따뜻한 물 한 모금보다 더 좋은 것을 줄 수 없을까? 아! 컵라면이 있구나. 컵라면 보다 더 좋은 것은? 맛있는 밥과 국과 반찬이지."

나는 늘 고민하며 나에게 묻는다.

"더 좋은 것으로 줄 수 없을까?"

속삭임

주일 새벽길은 아직 어둠이 짙게 깔려 시간이 지나도 밝아질 것 같지 않았다. 노숙인 급식 차량은 대형 석유 버너와 물통, 김치 등이 가득 실려 이삿짐 차량보다 짐을 많이 싣고 달린다.

오늘 새벽길은 다른 어느 때보다 더욱 가슴이 설레고 기쁘다. 왜냐하면 노숙인 아침 급식을 시작한 후로 오늘에서야 처음으로 뜨끈한 밥을 줄 수 있게 된 것이다. 컵라면에서 떡국으로 나누어 줄 수 있게 되었을 때 가슴 저 속에서부터 기뻤던 것처럼 오늘은 붉은 팥과 검은 콩을 섞어 지은 하얀 밥을 주걱으로 퍼 올릴 때 코끝에 감도는 밥 냄새가 이 세상 어떤 향기보다 좋았다.

우리의 급식 차량이 도착하면 기다리고 있던 노숙자들이 차에서 물건을 내리고 급식 장소에까지 날라다 준다. 몸이 불편하고 나이가 많아 거동이 불편한 사람들은 질서 있게 줄을 서서 급식을 기다린다.

주일 새벽인 오늘은 서울역 지하도에서 예배를 드린다. 노숙인들과 자원봉사자들이 한마음으로 드리는 예배다. 냄새나는 지하도로 벽에 의지하여 냉기가 엄습하는 언 땅바닥에서 추위와 싸우며 잠을 자고 일어난 그들은 발을 동동 구르며 서서 찬양을 한다.

유일한 악기는 그들이 내는 목소리다. 씻지도 못한 검은 손을 높이 들고 부르는 찬양, 눈물이 흘러내려 얼굴은 얼룩져도 설교 말씀마다 울려 퍼지는 아멘! 아멘! 굶주린 그들에게 밥을 주는 것도 귀한 일이겠지만 그들이 예배드릴 수 있도록 하는 것은 얼마나 더 귀한 일인가!

어떤 이들은 그들이 서울의 관문인 서울역을 눈살 찌푸리게 만든다고 비난한다. 그들이 소변을 아무데나 보기 때문에 오줌 냄새가 코를 찌른다고 한다. 물론 그런 일이 비일비재하다. 그러나 건물마다 화장실 문을 잠그고 경비들이 지키고 서서 그들의 출입을 막고 있다면 용변이 급한 그들은 어디로 갈 것인가? 과연 그들에게 화장실문만 잠겨 있을까?

교회는 그들에게 문이 열려 있는가? 여러 날 씻지 못해서 더러운 모습과 냄새나는 그들이 다 떨어진 담요나 옷가지를 싸들고 주일날 교회로 예배드리러 갈 때 그들을 반갑게 맞이할 교회가 과연 몇이나 될까?

그들은 스스로 교회에 가지 못한다. 이미 교회의 문턱이 얼마나 높은지를 알기 때문이다. 그런데 교회에 갔다가 수치를 느낄 수도 있었던 그들이, 문전박대 당할 수도 있었던 그들이 이젠 하나님을 마음껏 찬양하며 하나님의 말씀을 들을 수 있는 그들의 예배를 거리에서 드리게 된 것이다. 주일 새벽에 드리는 예배를 그들이 얼마나 마음을 다하여 드리는지….

신령과 진정으로 드리는 예배, 눈물로 드리는 예배가 그곳에 있다.

오늘은 예배가 끝나갈 무렵, 한 노숙인이 헌금을 했다. 그 헌금을 건네받는데 왠지 뜨거운 눈물이 왈칵 솟아올랐다. 부자의 몇 억보다 더 많은 것을 낸 노숙인의 헌금 천 원. 그는 생활비의 전부를 넣었느니라!

신령과 진정으로 드리는 예배에는 생명이 있다. 생명이 있는 예배에는 변화가 있다. 노숙인들에게 아침 급식을 나누어주기 전에 드리는 예배는 그들을 변화시키고 있다. 불평과 분노로 가득 찼던 그들의 입술에서 이진 감사가 나온다.

서로 싸우며 새치기하던 그들의 줄서기가 변하여 걷지 못하는 할아버지를 자기 앞에 세워주는 양보의 줄서기가 된 것이다. 그들의 줄서기는 그들의 밥그릇이다. 사람들이 식사하러 평소보다 더 많이 오는 날에는 준비해온 음식의 양이 부족해져서 바로 내 앞에서 음식이 떨어질 수도 있기 때문이다. 그런데 자신의 밥그릇을 불쌍한 노인들에게 기꺼이 내어주는 것이다.

주님은 주일 새벽 서울역 지하도로에 찾아 오셨다. 이 산으로도 말고 예루살렘으로도 말고 신령과 진정으로 예배하는 자들을 찾으시기 때문이다. 노숙인 한 명이 자기 옆자리에 신문지를 땅에 깔아주며 나보고 그 곳에 앉으라고 했다. 그들 곁에 앉아 손뼉 치며 찬양하며 예배드리는 기쁨을 이 세상 무엇과 바꾸랴!

옆에 앉은 노숙인이 내 귀에 대고 속삭였다.

"사모님! 우리 노숙인들도 마음 놓고 예배할 수 있는 교회가 있었으면 좋겠어요."

나도 주님의 귀에 대고 조용히 속삭였다.

"주님! 노숙인들이 마음 놓고 예배할 수 있는 교회가 있었으면 좋겠대요." ❀

말하지 않아도 들리는 소리

노숙인들에게 별의별 욕을 다 듣고
심지어 뺨을 맞기도 하지만
이젠 어떤 경우에도 웃을 수 있다.
그 때마다 나는 마음속으로 말한다.
'그래! 저 사람이 너무 아파서 그러는 거야.
말기 암환자가 토하고 싶지 않아도 병의 증세로
어쩔 수 없이 토하는 것처럼 노숙자들은
아픈 사람들이야. 치료받아야 하는 환자야.
아파서 그런 증세가 나오는 거야. 욕하는 것도,
발로 차는 것도 그 어떤 행패도 아파서 그러는 거야.
심하면 심할수록 더 아파서 그러는 거야. 그래…
그래… 많이 아픈 거야….

두 사람

집회가 있어서 미국에 갔다. 공항에 마중 나온 목사님들 사이에 계시던 낯선 장로님 한 분이 나에게 악수를 청했다. "사모님! 오늘 저의 집으로 함께 가주시면 감사하겠습니다. 제 가정에 어려움이 있어서요." 그 장로님의 부탁에 따라 장로님 댁으로 향했다. 장로님 댁에 들어서니 어려움이라고는 전혀 느껴지지 않고 평온하고 따뜻했다.

장로님은 한 달 중 보름은 사업을 하고 나머지는 선교하러 나갔다 들어온다고 했다. 이렇게 축복된 삶이 어디에 또 있을까? 장로님의 선교 사진과 동영상을 살펴보면서 자녀들이 궁금해졌다. "장로님! 주님의 축복을 많이 받으신 분이시네요. 그래 자제분은 몇 명이나 두셨나요?"

나의 물음에 그토록 행복해 보이던 장로님의 얼굴에 갑자기 시름이 깊이 깔렸다. "아들 하나, 딸 하나인데 아들이 많이 아파요. 아들은 명문대학, 대학원을 졸업했지요. 그런데 일 년 전부터 자기 방에서 나오지 않고 꼼짝없이 방 안에 갇혀 있어요. 물론 집밖의 외출은 생각도 못하고요." 장로님의 큰 눈에 금세 눈물이 맺혔다. 나는 속으로 '만약 그 아들이 일반적인 병이라면 나는 고칠 수 없다. 그러나 악한 영에 잡혀 있거나 영적인 공격을 받고 있다면 주 예수 그리스도의 이름으로 고칠 수 있다'는 생각이 들었다.

나는 힘 있게 그 아들의 방문을 열었다. 아! 준수하고 기품 있는 얼굴, 키

유정옥 글 | 183

가 크고 건장한 몸을 갖고 있는 그 아들은 악한 영에 잡혀 죽음의 두려움으로 떨고 있었다. 악한 영에 잡혀 있던 사람에게서 악한 영을 내보낼 때 엄청난 에너지가 뿜어져 나오는 사람이 있다. 마치 거라사인 지방의 귀신 들린 한 사람에게서 나온 귀신이 이천 마리의 돼지 떼를 몰살시키고도 남았던 것처럼 말이다. 다행히 그 아들을 괴롭히는 악한 영은 아주 미약했다.

나는 장로님에게 말했다.

"걱정 마세요! 장로님이 전 세계로 복음을 전파하러 다니니까 아들을 통해서 악한 영과의 싸움을 실습시키는 거예요. 오늘은 장로님이 강하게 은사를 받고 내일은 우리 모두가 합심기도해서 아들을 괴롭히는 악한 영을 대적하여 내어 쫓읍시다!" 장로님은 그날 밤 뜨겁게 하나님을 찾았고, 하나님은 전심으로 당신을 찾는 그 분을 만나 주셨다.

그 이튿날 장로님 부부와 딸과 내가 그 아들의 방으로 들어가 합심하여 기도하기 시작했다. 얼마나 기도했을까?

나는 마음에 확신이 와서 그 아들의 몸에 손을 얹었는데 이미 세 사람의 손이 와 있었다. 그 때 그 아들을 일 년 동안 붙잡고 두려움을 심어 바깥 출입을 못하게 하던 악한 영이 떠나갔다. 악한 영이 떠나자 그 아들은 곧바로 거실로 나가며 말했다.

"어머니 저 배 고파요. 먹을 것 좀 주세요."

생전 처음 보는 나를 보고도 두려워하지 않았고 감사하다며 인사를 했다. 그날 밤 장로님 가족은 목이 터져라 눈물로 찬송을 불렀고 그 찬송 속에서 날이 밝았다. 그 이튿날 아침 아들은 바깥으로 외출을 했다.

멀어져 가는 아들의 뒷모습을 보며 기쁨과 감사로 목이 메이던 장로님은 노숙인들을 위해 헌금을 해 주셨다. 그 후원금으로 노숙인들의 숙원이던 노숙인 전용 교회가 세워졌다.

두 사람이 합심하여 기도하면 무엇이든지 들으시는 아버지께서 네 사람이

나 합심하여 기도하니 "알았다! 알았어, 걱정들 말아라"하시며 숨 돌릴 사이도 없이 단숨에 들어 주신 것이다.

　아들의 병도 낫고 노숙인 전용 교회도 세우게 되었으니 도랑 치고 가재 잡은 격이었다. 하나님의 일이란 이렇게 신바람 나는 것이다.

　어떠한 환난에도 두려워 할 것 없다. 두 사람만 합심하여 기도하면 된다. 어떠한 장애가 와도 못할 것이 없다. 두 사람만 합심하여 기도하면 되니까 말이다. ❀

마침 그 때

7층에 있는 빌딩 사무실에서 건물 주인이 나에게 당장 올라오라고 불호령을 했다. 험악한 표정으로 앉아 있던 주인이 따져 물었다.

"아니 교회 목사 사모라면서 왜 거짓말을 해요?" 화가 머리끝까지 난 그의 얼굴은 나를 보더니 더욱 일그러진다.

"거짓말이라니요?"

"3층을 임대할 때 분명히 교회 한다고 했잖아요. 교회 한다고 했으면 교회나 잘 해야지 왜 노숙자들 밥 먹이는 일을 해서 우리 건물이 온통 거지들로 우글거리게 하느냔 말이오!"

"맞아요! 교회하는 것 맞아요. 그런데 성도가 전체 다 노숙자인 것뿐입니다."

"듣기 싫어요! 당장 나가요! 건물 전체를 임대하든지 당장 나가든지 둘 중 하나 선택하세요. 당신들 때문에 다른 층에서는 임대료가 한 푼도 안 들어오고 있으니 알아서 해요. 노숙자들 때문에 영업을 못한다고 임대료를 내지 않으니 우리가 그들에게 뭐라 하겠소. 우릴 망하게 할 작정이오? 잔말 말고 어서 저 거지 떼들 다 데리고 나가요! 당장!"

나는 어깨가 축 늘어졌다. 변명할 말이 없었다.

일 년 전 컵라면 스무 개를 들고 서울역 거리로 나갔을 때부터 계속 노숙인들과 지하도에서 예배를 드렸다. 여섯 평짜리 노숙인용 샤워장을 만들고 그들이 샤워하는 동안 한 번에 세 명씩 밥을 지어 먹였다.

노숙인들이 밥을 먹을 때 쪼그리고 앉아 먹거나 서서 먹는 것이 마음에 아파서 하루에 한 번은 탁자에 앉아서 먹게 해주고 싶어서였다. 그리고 식사하는 동안 어떻게 하면 노숙 생활에서 자활할 수 있는지 상담도 해 주고 전도도 했다. 새벽부터 밤 10시까지 하루도 빠짐없이 샤워장을 열었다.

그러던 중 노숙인들은 마음 놓고 주님께 예배하고 싶다고 했다. 노숙인들이 교회에 예배하러 가면 쫓겨나기 일쑤였다. 교회에서는 노숙인이 동냥 온 줄 알고 천 원 주고 돌려보내거나 이천 원 주고 돌려보내려 하다가 끝까지 예배하겠다고 하면 강제로 쫓아내는 일도 있다고 했다. 마음 놓고 예배하고 싶은 노숙인들의 소원을 아시는 주님이 미국에 있는 장로님의 마음을 감동시켜 후원하게 함으로 서울역 서부역에 노숙인 전용교회가 세워진 지 두 달 만에 불거진 일이다.

노숙인들은 오늘 있다가도 내일 또 만날 수 없다. 보통 교회 성도들처럼 다음 주일에 또 만난다는 보장이 없다. 그러기에 그날의 그 예배가 노숙인 한 사람 한 사람에게 복음을 들려줄 마지막 기회라고 보아야 한다. 그래서 우리는 365일 하루도 빠짐없이 매일 예배를 드린다. 11시에 예배를 드리고 예배 드린 모든 사람이 다 같이 점심을 먹는다.

그런데 노숙인들이 예배 시간인 11시에 맞춰 오는 것이 아니라 빌딩 문이 열리는 아침 7시면 이미 자리가 꽉 차도록 몰려오는 것이다. 11시가 되면 1층부터 7층까지 빌딩 통로마다 발 디딜 틈도 없이 와 있으니 엘리베이터도 만원이고 영업하는 다른 곳들의 복도까지 꼼짝할 수 없이 마비되고 만다. 급기야 건물에 임대로 들어와 있는 모든 업주들의 항의가 빗발쳤고 임대료를 전액 내지 않고 건물 주인과 갖서고 있는 것이다.

그러나 우리는 이제는 인원도 많고 살림도 많아졌는데 돈은 한 푼도 없고 눈앞이 캄캄했다. 7층 계단이 그렇게 많은 것일까? 그날따라 7층 계단이 까마득하게 느껴졌다. 그 많은 계단을 내려오며 나는 수없이 되뇌었다.

"아버지! 저는 아무 것도 없어요! 이 많은 노숙인들을 받아 줄 곳이 없어요."

그러나 내가 절박한 때일수록 주님은 말이 없으시다. 주님의 침묵에 나는 속이 탄다.

"제발 한 말씀만 하소서!"

그러나 나는 안다. 나는 믿는다. 우리 힘으로 도저히 해결할 수 없는 불가항력적일 때 우리는 오히려 기뻐해야 한다. 아버지가 등장하신다는 사인이기 때문이다.

내 아들과 옆집 아들이 톡톡 싸우고 있을 때 아버지는 창문 너머로 지켜보고 있다. 내 아들이 옆집 아이에게 때리기도 하고 얻어맞기도 한다.

그러나 아버지는 그 광경을 그냥 보고 있다. 그런데 내 아들이 도저히 맞서서 싸울 수 없는 상대, 불가항력적인 상대, 바로 옆집 아이의 삼촌이 내 아들을 마구 때리고 있다면 아버지는 당장 문을 박차고 뛰어 나와 그 삼촌과 맞서 싸워 주실 것이다. 내 힘으로 아무 것도 할 수 없는 불가항력적일 때, 마침 그 때! 내 아버지가 나타나는 것이다. ❋

아버지의 등장

　　　돈 한 푼 없이 다시 노숙인 센터를 임대해 보려고 밭뙈기를 팔기 시작했다. 마침 서부역 근처에 지하 85평 면적에 지하 1층, 지상 3층으로 된 견고하고 아담한 건물이 부동산에 나와 있었다. 지하를 임대 받으려고 건물 주인을 만났다. 그러나 그 주인은 잘라 말했다.

　"이 건물은 영구히 내가 살려고 좋은 자재를 써서 직접 지은 집입니다. 그런데 바로 우리 집 옆이 절이 들어왔어요. 그 날부터 재수가 없어서인지 내 사업이 안 됩니다. 그래서 이 집을 팔려고 해요. 절대로 임대는 안 됩니다."
매매 가격이 우리로서는 만져보지도 못할 돈이었다. 나는 아쉬운 마음으로 그 집을 나오다가 그 집 기둥에 침을 발라 '찜'을 했다.

　"주님! 이 집을 찜합니다. 이 건물을 주시면 지하에는 노숙인들이 매일 예배를 드리고 예배드린 모든 사람들이 함께 점심을 나누는 곳으로 만들겠습니다. 1층에는 병이 나도 치료받지 못하는 노숙인들을 치료해 주는 무료 진료소를 만들겠습니다. 2층과 3층에는 갈 곳 없는 노숙인들을 데려다 먹고 자며 생활하게 하는 노숙인 쉼터를 만들겠습니다.

　그들에게 하나님의 말씀으로 가르치고 자활 훈련을 시켜서 건강한 가정인으로, 건강한 사회인으로 돌려보내는 곳으로 쓰고 싶습니다. 우리가 노숙인들을 위해서 진심으로 일하는 모습이 믿어지거든 이 건물을 우리에게 주십시오. 5년 후에 10년 후에 15년 후에… 언젠가 주실 것을 믿고 기다리겠습니다."

나는 그 집을 나오며 건물 전경을 찰칵! 한 장 사진에 담았다.

그 날은 중보기도회 날이었다. 우리 소중한사람들의 중보기도회는 나의 신실한 동역자 송연숙 전도사님의 꽃가게에서 시작되었다. 그 전도사님은 잠실 롯데캐슬 1층에서 화원을 경영하고 있었다. 그 점포는 백화점 바깥으로 문이 나 있었기 때문에 백화점의 모든 점포들이 문을 닫는 시간인 오후 9시 이후에는 독립적으로 사용할 수 있었다. 그래서 매주 화요일 밤 9시를 중보기도 시간으로 정하고 전도사님과 나와 두서너 명이 처음 기도를 시작했다.

앉을 곳이 없어서 은박지를 사서 좁디좁은 가게 한 구석에 앉아 기도를 했다. 나는 중보기도회를 처음 시작할 때 "전도사님! 우리 중보기도에 생명을 겁시다. 기도회로 모이는 시간이 화요일 밤 9시이니 빨리 집에 가서 쉬고 싶기도 하고 많은 일들이 방해가 될 것입니다. 저도 집회 일정에 그 시간은 잡지 않겠습니다. 그 시간을 생명을 걸고 지키려 합니다. 우리가 그렇게 지키지 않으면 기도 모임은 어느 날 흐지부지 되고 힘을 잃을 것입니다."

두서너 명이 합심하여 기도하기 시작한지 한 달도 안 되어 20여 명이 모여 열렬히 기도하게 되었다.

하나님의 일은 우리가 하는 것이 아니다. 하나님이 친히 일하시는 것인데 하나님을 움직이는 힘은 우리의 기도에 있다. 그러니까 우리가 힘써서 해야 할 한 가지 일은 오직 기도다. 그 날 기도회의 기도 제목은 노숙인 전용 교회가 건물에서 쫓겨나게 되었으니 어디로 가야할지 주님의 도우심을 구하는 것이었다. 기도회가 끝난 후 갸름한 얼굴의 한 여인이 나와 면담하기를 요청했다. 그 날 처음 중보기도회에 참석한 분이었다. 그녀는 한 달에 한 번 발행되는 소중한사람들 소식지를 손에 들고 있었다. 컴퓨터로 인쇄한 소식지는 물기가 묻으면 번져서 글씨조차 정확히 볼 수가 없었다.

그녀는 아주 작은 톤소리로 노숙인을 위하여 무언가를 후원하겠다고 했다. 새벽에 서울역에서 천 명이 먹는 한 끼 식사비 일까? 아니면 매일 예배 후에 먹는 점심 식사비일까? 어느 부분을 감당할 수 있을지 알 수 없어서 조심스럽게 물어 보려는데 그녀가 먼저 말을 꺼냈다.

"사모님! 이 소식지에 보니 노숙인 전용교회로도 쓰고 자활 쉼터로, 무료진료소로 쓰려고 사모님이 '찜' 해놓으셨다는 건물이 있네요. 제가 그 건물을 구입해 드리고 싶어요."

"네? 뭐라고요?"

"여기 소식지에 '우리들의 꿈'이라고 쓴 글에 사모님이 침 발라 찜해 놓은 건물 말이에요."

그 날 중보기도회는 기쁨과 찬양과 눈물의 기도회가 되었다. 주님은 찜해 놓은 건물을 5년 후에 10년 후에 15년 후에 주신 것이 아니라 찜하고 기도한 지 3개월 만에 주셨다. 서울역 중림동에 자리 잡은 소중한사람들 센터는 그 날 그렇게 세워졌다.

중림동 소중한사람들 센터 지하에서는 명절도 휴일도 없이 365일 하루도 빠짐없이 300명이 넘는 노숙인들이 뜨겁게 예배하고, 예배드린 모든 사람들이 함께 점심을 먹고 나누는 곳이 되었다. 1층에는 병이 나도 치료받지 못하는 노숙인들을 치료해 주는 무료 진료소가 있는데 선한목자병원 이창우 원장님이 친히 찾아 오셔서 병든 노숙인들을 치료해 주고 있다.

2층과 3층에는 갈 곳 없는 노숙인이 먹고 자며 생활하는 노숙인 쉼터를 만들어 그들에게 하나님의 말씀으로 가르치고 자활 훈련을 시켜서 건강한 가정인으로, 건강한 사회인으로 돌려 보내는 곳이 되었다.

내가 아무 것도 할 수 없는 가장 처절한 그 때 우리는 기뻐하고 기대하자. 아버지가 내 대신 등장하실 때이다. ✽

아파서 그러는 거야

누구에게 행패를 부리다 또 얻어맞은 것인지 얼굴이 시커멓게 멍이 들어 있다. 나는 찬송을 부르면서도 그가 오늘 예배에 온 것이 은근히 걱정이다. 그는 우리 센터에 오기만 하면 화분을 깨뜨리거나 물건을 발로 차거나 다른 노숙자들과 멱살을 잡고 싸우기 일쑤였기 때문이다.
8년 동안 그의 무례한 모습을 보다 보니 차라리 그가 오지 않았으면 좋겠다는 생각이 드는 때도 있었다.

'오늘은 또 어떤 행패를 부려 나를 괴롭힐까?'

나는 그런 생각으로 가득 차 있었는데 나의 생각과는 전혀 다르게 가슴 깊은 곳에서부터 아주 아픈 애통함이 뜨거운 눈물로 쏟아져 나왔다. 성령께서 그 못된 노숙자를 불쌍히 여겨 친히 우시는 눈물이었다. 그리고 성령께서는 '그가 너무 아프다'고 말씀해 주셨다.

'그들은 사랑에 목말라서, 사랑 받고 싶어서 아픈 사람들이야. 그래, 노숙자들은 아픈 사람들이야. 그들은 치료가 필요한 사람들이야….'

생각이 여기에 이르자 그동안 나에게 행패를 부렸던 모든 노숙인들이 불쌍해서 주체할 길 없이 눈물이 흘러내렸다. 강대상 깊숙이 몸을 숨기고 눈물을 닦아 보았지만 좀처럼 끝이 나질 않았다. 설교 시간은 다가오는데 하염없이 눈물은 흐르고…. 나는 억지로 눈물을 멈추고 설교를 시작했다.

그런데 이번엔 그 노숙인이 내가 설교하고 있는 시간 내내 울고 있는 것이 아닌가! 예배가 끝난 후 그는 나에게 다가와 눈물로 범벅이 된 얼굴로 입을 열었다.

"사모님! 저 때문에 우셨지요? 아까 예배 전에 사모님이 저 때문에 울고 있는 것이 다 느껴졌어요. 이젠 행패 부리지 않을게요. 그동안 제가 왜 소리도 지르고 화분도 발로 차서 깨뜨렸는지 아세요? 저 너무 아파서 그랬어요."

그 이후 나는 예배 시간마다 신령과 진정으로 예배드리는 그 노숙인을 볼 수 있었다.

그때부터 나에게는 한 가지 변화가 생겼다. 노숙인들이 어떠한 행동을 해도 조금도 화가 나지 않는 것이다. 우리 소중한사람들이 서울역에서 노숙인들에게 새벽 급식을 해온 지 9년째다. 자정부터 음식을 만들기 시작하여 새벽 5시까지 음식을 만들고 탑차 트럭에 싣고 나가 배식을 한다.

800명 정도의 노숙인이 음식을 먹게 된다. 음식을 먹고 나가면서 음식이 짜네, 싱겁네 또는 고기가 질기네 하는 푸념은 기본이다. 심지어는 병든 돼지고기가 아니냐는 등 밤새 잠도 못자고 땀을 흘리며 음식을 만들어 나간 우리에게 감사는커녕 입에 담지 못할 욕도 한다. 전에는 그럴 때 힘이 빠지고 화가 나기도 했었다.

그런데 오늘은 한 노숙인이 밥보다 돈을 달라며 나에게 다가왔다. 얼마나 술을 많이 먹었는지 술 냄새에 머리가 아플 정도다. 내가 돈을 주지 않자 들고 있던 종이컵을 나를 향해 던졌다.

뜨거운 커피가 내 옷에 쏟아졌다. 주위에서 이 광경을 보던 다른 노숙인들이 그에게 욕하기 시작했다. 그러자 그가 미친 사람처럼 소리를 질러대며 행패를 부리기 시작했다. 나는 그의 손을 부드럽게 잡으며 말했다.

"너무 아프군요. 너무 아파서 그러시는 거지요."

그러자 술로 빨개진 그의 눈에서 눈물이 흐르는 것이 아닌가! 나는 노숙인들이 사람으로서는 도저히 할 수 없는 무례한 행동을 할 때마다 그의 가슴 속에 깊이 숨겨진 소리가 들려온다. '사모님! 저 너무 아파요….'

　노숙인들에게 별의별 욕을 다 듣고 심지어 뺨을 맞기도 하지만 이젠 어떤 경우에도 웃을 수 있다. 그 때마다 나는 마음속으로 말한다.

　'그래! 저 사람이 너무 아파서 그러는 거야. 말기 암환자가 토하고 싶지 않아도 병의 증세로 어쩔 수 없이 토하는 것처럼 노숙자들은 아픈 사람들이야. 치료받아야 하는 환자야. 아파서 그런 증세가 나오는 거야. 욕하는 것도, 발로 차는 것도 그 어떤 행패도 아파서 그러는 거야. 심하면 심할수록 더 아파서 그러는 거야. 그래… 그래… 많이 아픈 거야…. ❁

현금으로 주세요

"**사모님!** 우리 이사 가는 날 6월 28일이에요. 그 날 보증금 1억 원 내 줄 수 있는 거지요?"

"그럼요! 걱정 마세요."

"그럼 그 돈을 천만 원짜리 수표 열 장으로 주세요."

이층에 세 살고 있는 사람은 매일 아침마다 보증금을 돌려받을 수 있는지 확인하고 있다. 우리 소중한사람들은 중림동 센터를 구입할 때 많은 빚을 지고 구입했다. 노숙인들에게 매일 밥을 주고 예배를 드리고 무료 진료를 하고 옷과 생필품을 나누어주다 보니 건물 임대를 얻을 수가 없었다. 건물 주인들은 노숙인이라는 말만 들어도 절레절레 고개를 흔들며 임대 주는 것을 거절했기 때문에 부득이하게 건물을 매입해야 했다.

그 때 한 후원자가 건물을 구입할 수 있는 종자돈을 주어서 그 건물에 임대 들어 있는 보증금을 전액 승계하고 은행대출을 받아 구입했던 것이다. 우리가 구입한 건물 이층을 임대하여 살고 있던 사람들은 어느 날 날벼락을 맞은 상황이 되었다. 건물 전체가 노숙인들로 넘쳐났고 아무리 통제를 해도 이층까지 막무가내로 뚫고 들어가는 노숙인들 때문에 어린아이들을 기르고 있는 그들은 불안하기 그지없었을 것이다.

결국 그들은 계약 만료일만을 손꼽아 기다리고 있었다. 우리가 빚을 진 상태로 건물을 구입하였으니 중도에 보증금을 내줄 수 있는 상황도 아니고 부동산에 집을 내놓아도 노숙인 건물이다 보니 와보려는 사람조차 없었다.

그들은 가슴이 타들어 가는 모양이다. 돈 한 푼 없는 나에게 매일 확인하려니 "천만 원짜리 수표 열 장으로 주세요." 하면 나는 그대로 주님께 보고했다. "주님! 6월 28일까지 천만 원짜리 수표 열 장으로 달라고 하네요."

"사모님! 우리 이사 가는 날 6월 28일이에요. 그 날 보증금 1억 원 내 줄 수 있는 거지요?"
"그럼요! 걱정 마세요."
"그럼 그 돈을 오백만 원짜리 수표 스무 장으로 주세요."
"주님! 6월 28일까지 오백만 원짜리 수표 스무 장으로 달라고 하네요."
"그럼 그 돈을 백만 원짜리 수표 백 장으로 주세요."
"그럼 그 돈을 십만 원짜리 수표 천 장으로 주세요."
매일 아침마다 이렇게 다른 액수의 수표를 들이대며 확인하는 날이 한 달이 지나 6월 26일이 되었다.
"사모님! 모레 아침에 우리 이사해야 하는데 보증금 내줄 수 있나요?"
"그럼요! 걱정 마세요."
"그럼 그 돈을 현금으로 주세요."
"주님! 내일 모레까지 현금으로 1억 원을 달라고 하네요."

주님이 노숙인들을 사랑하므로 반드시 그 돈을 주실 것을 믿고 있었지만 6월 26일이 되니 매일 아무 걱정 없는 사람처럼 생글생글 웃던 나도 밥 먹은 것이 체할 정도로 긴장이 되었다. 그래서 하루 종일 "주님! 이층 사람들이 1억 원을 현금으로 달라고 하네요." 하고 계속 기도를 했다. 그런데 그 날 오후에 우리 소중한사람들 화요 중보기도로 봉사하고 있는 한 집사님이 나를 찾아와 자기의 아버지를 만나줄 수 있겠느냐고 부탁했다. 아버지가 어려운 문제가 있어 나와 상담하기를 원한다기에 그와 함께 그곳에 갔다. 그 아버지는 ○○교회의 장로님이었다. 그 장로님의 어려운 문제는 무얼까? 내가 과연 도와드릴 수 있는 것일까?

처음 만나는 내가 낯설었는지 장로님이 나를 더 어색해 했다. 나는 장로님께 상담을 잘 해드리려고 마음을 단단히 준비하고 있었다.

그러나 그 장로님은 자신의 어려운 문제를 내어 놓는 것이 아니라 나에게 몇 가지 질문을 했다. 노숙인을 돕는 일을 하게 된 동기를 물었다.

나는 내가 책(울고 있는 사람과 함께 울 수 있어서 행복하다)을 출간하게 되었고 그 책의 수익금을 주님이 가장 가슴 아파하는 사람들을 위해서 다 쓰겠다고 서원했는데, 그 때 주님이 내 눈으로 확연히 보게 한 사람들이 노숙인이었고 추운 겨울에 갈 곳 없이 거리에서 유리하는 노숙인들 때문에 잠이 오지 않아 이 일을 시작했다고 말했다. 그러자 이번에는 노숙인 사역을 하는 나의 마음의 태도는 어떠냐고 물었다.

"많은 사람들이 '노숙자들은 일하기 싫어하는 게으른 자들이어서 굶어 죽어 마땅하다'고 하지만, 사실 노숙자들은 정신적, 육체적으로 치료가 필요한 환자입니다. 그들을 치료할 수 있는 약은 오직 진실한 사랑 뿐이지요. 제가 그들에게 탁월하게 무언가를 해줄 수는 없지만 추우나 더우나 비가 오나 눈이 오나 노숙인과 함께, 항상 노숙인 곁에 있겠습니다."

노숙인들은 이 땅에서 인간의 기본적인 삶도 누리지 못했으니 반드시 예수를 영접하여 새로운 가정을 회복케 하고 건강한 사회인으로 복귀하는 일을 도와주어 서울역에 노숙인이 한 명도 없게 되는 것이 나의 소원이며 꿈이라고 말했다.

말없이 나의 이야기를 듣던 장로님은 마지막으로 물었다. "사역을 하는데 무엇을 가장 중요하게 여기고 일하시나요?"

"주님은 우리가 일을 잘 하는 것보다 한 영혼을 귀하게 여길 것이므로 한 영혼에 모든 초점을 맞춥니다. 만약 우리가 일한다고 하다가 한 영혼의 심정을 실족시키면 그것은 말할 수 없는 손실이지요. 그래서 가장 중요히 여겨야 하는 것은 사람입니다. 나는 노숙인 자신들이 하나님께 얼마나 소중한 사람들인지 깨닫게 해주고 싶고 그들을 주님이 존귀히 여기는 심정으로 섬기고 싶습니다."

그러자 눈에서 눈물이 흐르기 시작한 장로님이 "주님! 감사합니다" 하시며 "여보! 그것 갖고 와요" 하고 손짓했다. 장로님의 손짓에 아내 권사님이 커다란 화장품 가방 하나를 들고 나왔다. 장로님의 딸은 "사모님! 제가 사모님이 화장품이 없다고 부모님께 말씀 드렸더니 아마 화장품을 세트로 준비해서 선물하려나 봐요"라며 귓속말을 했다.

"사모님! 제가 이번에 사업을 정리하면서 주님께 1억 원을 헌금하겠다고 서원했어요. 처음에는 내가 장로이니 교회와 이곳저곳 여섯 군데로 나누어주려고 생각했지요. 그런데 오늘 새벽기도 가기 전 꿈을 꾸게 되었어요. 우리 교회 강대상 위에 나의 중요한 서류 가방이 놓여 있었지요. 하늘에서 천사가 내려오더니 강대상으로 올라가서 내 서류 가방을 열어보고 나를 쳐다보면서 "나누지 마라!" 하셨지요. 깜짝 놀라 잠에서 깨어 보니 새벽기도 시간이었어요. 새벽기도에 가서 그 꿈을 묵상했어요.

나눈다는 것은 내 체면, 내 명예에 따라 헌금하는 것이니 순수한 드림이 아니라는 것을 깨닫고 주님께 어느 곳에 드려야 하는지 깊게 기도하면서 받은 질문이지요. 오늘 하루 종일 내가 헌금을 나누어 주려 했던 여섯 곳의 대표들을 만나 이야기를 나누었습니다. 그런데 성령께서 사모님으로 제 마음에 확신을 주셨어요."

눈물이 아직 눈가에 맺혀있는 채로 밝게 웃는 장로님은 머리를 갸우뚱하며 "그런데 참 이상하지요. 주님은 왜 저에게 1억 원을 현금으로 준비하라는 마음을 주셨을까요? 수표로 주면 가볍고 간편할 텐데 말입니다…."

화장품 가방에 가득 담긴 묵직한 1억 원을 현금으로 건네받는 내 눈에서 주체할 길 없는 눈물이 하염없이 흘러 내렸다. ❁

심부름꾼 (1) 선물

2008년 미국에서부터 시작된 경제파동의 위기는 우리나라에도 경제위기를 가져왔다. 저마다 살아가기가 팍팍해서인지 후원금이 뚝 떨어지고 추수감사절에도 조용하더니 크리스마스가 코앞인데 노숙인들에게 선물 하나 나누어 줄 것이 없었다.

그러던 중 가뭄에 단비처럼 12월 23일 머플러 200개가 후원 물품으로 왔다. 나와 함께 동역하는 김 권사님은 조심스럽게 말을 꺼냈다.

"사모님! 이 머플러 이틀만 더 있다가 이번 성탄 선물로 주면 어떨까요?"

권사님이 이렇게 말씀하신 이유가 있다. 우리 소중한사람들은 후원 물품이 들어오는 즉시 노숙인들에게 다 나누어 주는 것을 원칙으로 하고 있기 때문이다.

"주님이 성탄 선물로 무언가 주시겠지요. 오늘 들어온 머플러는 곧바로 나누어 줍시다."

노숙인들 사이에서는 신문지 머플러라는 것이 있다. 신문지를 구겨서 머플러처럼 목에 감는 것이다. 그렇게 추위를 견디고 있는데 만약 오늘 들어온 머플러를 성탄 선물로 준다면 노숙인들은 신문지 머플러로 이틀을 더 견뎌야 하는 것이기 때문이다.

크리스마스 아침이 밝았다. 권사님이 기뻐서 어쩔 줄 모르며 소리쳤다.

"사모님! 노숙인들에게 줄 크리스마스 선물이 들어왔어요. 엊그제 머플러를 참 잘 나누어 줬네요. 이것 보세요! 이렇게 좋은 점퍼가 300개나 들어왔어요."

심부름꾼 (2) 주인에게 맡기지 않은 것은 책임지지 않습니다

우리 소중한 사람들을 통해서 무료로 식사를 급식받는 숫자는 한 달에 2만 명이 넘는다. 9년 동안 하루도 빠짐없이 이 일을 하는 동안 사람들은 혹 나에게 매달 필요한 운영자금이 조달되지 않을까봐 걱정되지 않느냐고 묻는다. 그러면서 그들은 무척 걱정스러운 얼굴을 한다. 그러나 나는 전혀 걱정하지 않는다.

이것은 내가 믿음이 커서 걱정이 없는 것이 아니다. 이 일을 내가 한다고 아주 조금 눈곱만큼 생각만 해도 나는 그 책임의 무게에 깔려 죽을 것 같았던 것을 경험했기 때문이다. 그래서 나는 아예 모든 것을 주님께 맡긴다. 아니 맡길 수밖에 없다. 내 능력의 한계에서 너무 지나쳐 있기 때문이다.

한 번은 쌀을 수급 받지 못한 일이 발생했다. 우리는 서울시에서 20킬로그램짜리 정부미를 아주 싼 값에 구입한다.

쌀을 구입하려고 월 초에 '쌀 수급 신청서'를 동사무소에 제출하면 중순경에 중구청에서 쌀값을 송금하라는 연락이 온다. 그러면 쌀값을 지불하고 2~3일 후에 쌀을 수급 받는 것이다. 그런데 그 달엔 중순이 훨씬 넘었는데도 중구청에서 쌀값을 송금하라는 연락이 없었다. 나는 '12월 연말이니 이런 저런 일이 많아 늦어지나 보다…' 하다가 쌀이 바닥나던 날, 중구청에 연락을 해 보았다. 그랬더니 이게 무슨 날벼락인가?

동사무소에서 신청서가 들어오지 않았다는 것이다. 나는 현기증이 날 정도로 놀라고 당황했다. 당장 동사무소에 전화해 자초지종을 물었더니 담당 직원이 쩔쩔매며 사과를 했다.

"미안합니다. 제가 수급 신청서를 잃어버렸네요."

"그러면 어떡해요? 그 쌀은 노숙인 2만 명이 먹어야 하는 쌀이에요."

"이 달엔 어쩔 수 없어요. 다음 달에 조금 일찍 쌀을 타 드리는 것 밖에는 방법이 없어요. 미안합니다."

"미안하다는 한 마디로 일을 수습하려 들면 정말 안 됩니다. 그런 일이 발생되면 노숙인들이 한 달 동안 굶어요."

내가 어떤 말을 해도 동사무소 직원은 기계처럼 '미안하다'는 말만 반복할 뿐이었다. 나는 기가 막혔다. 속이 새까맣게 탔고 입술이 바짝바짝 타 들어갔다. 나는 눈물이 가득 고인 눈을 들어 하늘을 보며 크게 소리 질렀다.

"주님! 쌀 안 주시면 어쩔 수 없이 노숙인들 굶겨요!"

그날 밤 나는 쌀 걱정에 잠을 자지 못하고 밤을 하얗게 샜다. 그런데 아침에 출근했더니 센터 주차장에 쌀이 산더미처럼 쌓여 있는 것이 아닌가! 그것도 정부미가 아닌 일반미도 말이다.

나는 생각했다.

'그래, 그 동사무소 직원이 자신의 사비로 쌀을 사서 보냈나 보다… 업무 과실이 드러나 해고당하는 것보다는 이렇게 하는 것이 훨씬 낫지….'

그래서 감사하다고 전화를 했더니 동사무소 직원은 전혀 모르는 일이라 했다. 이리저리 알아보니 인천에서 이름을 알리기를 원치 않는 한 독지가가 불현듯 쌀을 보내고 싶은 마음이 일어 보내게 됐다는 것이다. 영문을 모르는 노숙인들은 소중한사람들 쌀은 왜 이렇게 맛있느냐고 마치 찹쌀로 밥을 한 것 같다며 밥그릇을 깨끗하게 비웠다. 그 모습에 절로 빙그레 미소가 지어진 나는 주님께 조용히 말했다.

"주님! 지금이 성탄과 새해여서 노숙인들에게 정부미가 아닌 맛있는 일반미로 밥을 지어 먹이고 싶으셨군요! 나는 주님의 그 깊은 뜻을 모르고 괜히 하룻밤 가슴을 새까맣게 태우는 쓸데없는 짓을 했어요."

이렇듯 주님은 이미 우리의 필요가 무엇인지 다 알고 계시는 것이다. 9년 전 노숙인들을 섬기는 심부름꾼으로 나를 부르신 주님은 언제나 주님이 나의 주인 되심을 믿고 주님이 맡겨주신 일을 꾸준히 성실히 하고 있으면 필요한 모든 것을 부족함 없이 공급해 주셨다.

"너는 나의 심부름꾼이니, 심부름꾼의 자격은 남다른 탁월한 능력이 아니라 오직 충성되고 진실하면 되는 것이다"라고 아침마다 내 가슴에 일러 주시면서 말이다. ❃

변장술

주일 새벽 노숙인들에게 새벽 급식을 하는 중이었다. 술이 잔뜩 취한 노숙인 한 명이 나에게 다가오더니 대뜸 입에 담지 못할 욕을 하며 나를 때리려고 달려들었다. 몹시 화난 그는 "내 머리 하나에 끼니 당 5천 원을 받았으면 고기반찬에 잘 차려 먹여줘야지 왜 돈을 다 떼어먹고 개밥을 주냐?"며 따져댔다. 사람들이 그 노숙인을 만류할수록 오히려 기세가 등등해져서 한 시간 이상을 나만 따라다니며 괴롭혔다.

소중한사람들은 9년째 서울역에서 새벽 5시 30분부터 노숙인들에게 무료 급식을 하고 있다. 새벽 한 시부터 8백에서 천 명 분량의 밥을 하고 국을 끓이고 김치와 반찬을 준비하여 탑차에 싣고 나와 노숙인들을 먹인다. 급식이 끝나면 그 그릇들을 수거하여 센터로 운반한 후 또 설거지하고 소독까지 해야 일이 끝난다.

노숙인들과의 약속이 하나님과의 약속이었다. 비가 오나 눈이 오나 9년째 한결같이 해온 것이다. 나는 노숙인들을 섬기는 사역을 처음 시작할 때 주님께 약속한 것이 있다.

그것은 노숙인들과 만나는 현장을 떠나지 않겠다는 것이었다. 우리 소중한사람들이 사람들에게 알려지고 곳곳에서 봉사자들도 모여들자 사람들은 나에게 험한 현장에 나오지 말 것을 권면하기도 했다. 그러나 현장에서 그들과 함께 있어야 그들을 사랑하는 마음이 스러지지 않을 것이고 그들의 아픔의 소리를 들을 수 있기 때문에 그들과 만나는 현장에 변함없이 서 있었다. 몸이 아플 때면 자동차 안에서 끙끙 앓을지언정 말이다. 설날이나 추석 같은 명절이면 그들이 더욱 쓸쓸하고 배고픈 날들이어서 명절에도 떠나지 못하고 그 자리를 지켰다.

노숙인들과 동고동락해온 9년 동안 말로 다할 수 없는 애환이 어찌 없었겠는가? 그러나 나는 한 번도 이 일을 하고 싶지 않다는 생각을 해본 적이 없다. 오히려 어린아이처럼 기뻐하고 행복해 했다.

그런데 그 노숙인의 침이 내 얼굴에 튀고, 사납고 무례한 그의 얼굴이 일그러지며 뱉어내는 욕설도 듣고, 근거도 없는 억울한 매도를 당한 그 날 새벽, 센터로 돌아와 주님께 기도했다.

"주님! 이젠 노숙인들에게 밥 주는 일은 그만하고 싶어요. 저희가 처음 노숙인 급식을 시작했던 8년 전에는 밥 주는 곳이 없어 노숙인들이 배고픈 고통이 있었지만 지금은 교회마다 단체마다 마치 경쟁하듯 노숙인들에게 밥을 주는 곳이 많아져서 더 이상 의미가 없어요."

그 때 돌같이 단단해진 내 마음을 주님이 부드럽게 어루만지며 말씀하셨다.

"그래, 노숙인들에게 밥을 주는 곳은 지금도 많고 앞으로는 더욱 많아질 것이다. 그러나 누가 그들의 영혼을 가슴에 안고 애통하며 고민하며 수고하겠느냐?"

나는 정신이 번쩍 들었다. 밥 주는 것에 정신이 팔려 주님이 나에게 무엇을 원하셨는지 잊고 있었던 것이다.

주님이 내 손에 맡긴 것은 밥이 아니라 생명이었던 것이다. 아! 생명을 얻을 수 있다면 못할 것이 무엇이 있겠는가? 생명을 얻는 것에 목표를 두니 두려울 것이 없었다.

"주님! 다시 시작하겠어요. 어떤 사람을 만나든지 그 생명을 얻으라고 주님이 제게 친히 보내주신 사람임을 명심하겠습니다."

그 이튿날인 월요일 새벽, 마침 대전 서로남교회의 청년부 목사로 일하고 있는 큰아들이 몇 명의 교회 청년들과 함께 봉사하러 서울역에 나왔다. 오늘도 어제와 똑같이 만취한 그 노숙인이 저 쪽에서 나타났다.

나를 보더니 쏜살같이 달려와 때리겠다고 주먹을 불끈 쥐고 위협을 준다. 옆에서 이 광경을 본 아들은 반사적으로 자기 몸을 날려 나를 방어했다.

"괜찮아! 아무 일도 없을 거야. 내가 오늘 저 사람의 말을 주님의 말씀으로 들을 거야."

내가 의연히 그 사람을 맞으니 아들은 걱정스러운 얼굴을 하며 내 뒤로 물러섰다.

"야! 너 내 머리 하나에 얼마가 걸려 있는 줄 아냐? 너 나 때문에 먹고 살잖아. 우리가 밥 먹으러 들어갈 때마다 짤각 짤각 머릿수가 계산되는 것 다 알아. 그런데 그 돈 다 어디다 떼어 먹고 음식을 이 따위로 만들어 오는 거야?"

나는 어제는 이 말이 너무 억울했고 기가 막혔다. '누가 당신을 위해 돈을 지원한단 말인가? 누구든지 당신들과는 마주 서서 이야기조차 하기 싫어하는 상대인 것도 모르고….'

그러나 오늘은 그의 말이 다 옳다고 생각했다. 나는 속으로 '맞아요! 주님이 넘치도록 공급하시고 후원해주셨어요'라고 했다. 내가 자신의 말을 인정하는 것 같은 기미가 보이자 그 기세가 더욱 등등해졌다.

"이제야 네 년이 내 말을 알아듣는군. 그러니까 우리 고기반찬 해줘! 콩나물과 김칫국은 지겨워."

"예, 고기반찬을 해드릴게요."

"고기반찬이라고 다 된 것은 아니야. 네 가족들이 먹는다 생각하고 정성껏 해와!"

"예! 정성을 다하겠습니다."
사자처럼 으르렁거리던 그 사람은 양처럼 순해졌다.

그 날 이후 소중한사람들은 한 번도 고기를 빼뜨리지 않고 네 가지 이상의 반찬과 국으로 노숙인들에게 나눠줄 음식을 준비하고 있다. 함께 일하는 동역자들이 힘들어하지 않고 오히려 기뻐하는 모습은 나에게 더없는 행복을 준다. 오늘도 그 노숙인을 만났다.
"이렇게 많은 고기를 사서 수백 명에게 먹이다가 아줌마 거덜 나면 어쩌지? 내가 아줌마 망하지 않게 해달라고 기도해줄게."
그들의 소리를 마음을 다하여 주님의 소리로 듣고 그들이 필요로 하는 것을 주님이 부탁하는 소리로 들을 수 있으면 그들과 똑같아질 수 있다. 나는 주님이 아무리 놀라운 변장을 해도 잘 찾아낼 수 있기를 기도한다. 주님은 당신이 어떤 모습으로 변장하고 올 것인지를 이미 우리에게 알려 주셨기 때문이다.
"내가 진실로 너희에게 이르노니 너희가 여기 내 형제 중에 지극히 작은 자 하나에게 한 것이 곧 내게 한 것이니라."

주님이 지극히 작은 자 하나로 변장하신다는 것이다. 우리는 주님의 이 기본적인 변장술을 지나 더 난해한 변장을 알아내야 한다. 내 뺨을 치는 자, 무례하고 험악한 자, 나를 멸시하고 조롱하는 자, 후욕하는 자, 능욕하는 자, 핍박하는 자, 나와 원수 된 자…
누구든지 나에게 관계된 사람은 주님이 그에게 생명 주기를 원한다는 것을 눈치 채야 한다. 그리고 그 영혼을 구원하기 위해 주님은 천하보다 귀한 것이라도 아낌없이 공급하신다는 것을 굳게 믿어야 한다.
"사모님! 이달에 고기 값만 수백만 원이 지출됐습니다."

나는 수천만 원이 지출되어도 눈 하나 깜짝하지 않는다. 생명을 얻는 일에는 이 세상 어떤 것도 두렵지 않기 때문이다. 생명을 얻는 일에는 이 세상 모든 것을 투자해도 아깝지 않기 때문이다. ❀

남성 쉼터

배고픈 노숙인들에게 밥을 주는 일은 우리 소중한사람들이 그들을 섬기는 가장 기본적인 일이다. 그러나 노숙인들을 건강하고 성숙한 사회인으로 회복시키기 위해서는 예수님이 열두 제자를 부르시고 그들과 동고동락하셨던 것과 같은 생활의 교육이 필요하다. 그래서 2005년 소중한사람들은 남성 쉼터를 개원했다.

노숙인들이 쉼터에 입소하면 세상에서 버림받고 영혼과 몸이 깊게 병든 노숙인들에게 심리치료, 미술치료, 연극치료, 인문학 등으로 치유를 시작한다. 그러나 그 어떤 프로그램보다 그들을 온전히 변화시키는 것은 하나님의 말씀이다.

그래서 하루도 빠짐없이 예배를 드리고 저녁 여섯 시에는 QT(Quiet Time)를 함께 한 후 저녁 식사를 한다. 그들은 저녁에 돌아 올 집이 있다는 것이 너무 행복하다고 한다.

나는 이곳이 어떤 단체의 쉼터가 아니라 그들의 새로운 집이 되고 가족이 되기를 소원한다. 예수님도 "누가 내 어머니이며 내 동생이냐" 하시고 "누구든지 하늘에 계신 아버지의 뜻대로 하는 자가 내 형제요 자매요 어머니이니라"고 하지 않으셨던가.

저녁에 집에 올 때면 그들 중 두부 공장에 다니는 사람은 두부를, 어묵 공장에 다니는 사람은 어묵을 들고 돌아온다. 월급날이면 커다란 수박을 들고 오는데 조금도 무거워 보이지 않고 싱글벙글 웃음이 가득하다. 마치 아버지가 집에 들어오면서 사랑하는 가족을 위해 먹을 것을 사 들고 돌아오는 모습이다.

급료에서 꼬박 꼬박 저금을 해서 자활의 기틀을 마련하고 독립해서 나가면 그 자리에 다시 새로운 노숙인이 입소를 한다. 쉼터에 들어온 생활인들은 전원 취업이 되었다. 우리 쉼터 식구들이 성실하다고 소문이 나서 곳곳에서 일할 사람을 보내 달라고 성화이기 때문이다.

오십 명의 쉼터 식구들과 함께 살아온 지 9년이 되었다. 그동안 자활해서 나간 사람, 결혼해서 새 가정을 꾸민 사람, 고향으로 돌아간 사람, 헤어졌던 가족들과 만난 사람 등 많은 사람들이 우리 소중한사람들 쉼터를 거쳐 건강한 사회인으로 되돌아갔다.

그 덕분에 나는 수백 명의 자녀를 둔 슈퍼엄마가 되었다. ❋

가지 많은 나무의 행복

이가 다 빠지고 백발이 성성한 아들
소아마비로 다리를 저는 아들
인생의 모진 비 맞고 아파하는 아들

그 아들들이 책상위에 말없이 놓고 간 카네이션
그렇게 많은 아들들이 깃들이는
가지 많은 나무로 굳게 서고 싶어라

(5월 8일 어버이날에)

여성쉼터

2013년 1월 드디어 소중한사람들 여성 쉼터의 문을 열었다. 애초에 나는 어떻게든 여성 쉼터를 맡지 않으려고 이 핑계 저 핑계를 댔다. 왜냐하면 여성 노숙인들은 우울증, 조울증은 말할 것도 없이 거의가 다소의 정신 질환을 갖고 있어서 그들을 섬기는 일이 남성 쉼터에 비해 몇 갑절 힘들기 때문이다.

2012년 9월 서울시에서 여성 쉼터를 공모했을 때 우리는 형식적으로 한 장의 신청서만을 제출했다. 서울시에서 우리 소중한사람들에게 여성 쉼터에 공모하라고 종용하는데 전혀 모른 척 할 수가 없었기 때문이다. 그렇게 응모 신청기간이 지나가기만을 기다렸다. 그리고 그 해 10월 4일 아이티로 가게 되었다. 내가 다시 한국으로 귀국할 때면 여성 쉼터에 관한 모든 것이 끝나 있을 터인데 왠지 그 부담이 내 마음에서 씻기지 않았다. 나는 기도했다.

"주님! 저는 정말 여성 쉼터를 하고 싶지 않습니다. 그러나 주님께서 그 영혼들이 가장 낮은 곳에 있는 영혼들이라 여기셔서 우리가 섬기기를 원하신다면 하겠습니다. 주님이 원한다고 강하고 분명하게 제게 말씀해 주세요."

10월 중순이 지나 한국에 돌아오자마자 서울시에서 연락이 왔다. 우리 소중한사람들이 여성 쉼터 공모에 합격했으니, 시에서는 10월 26일 실사단 아홉 명을 파견하여 현장 실사를 하겠다는 것이다. 나는 은근히 실사단을 기다렸다. 그리고 실사단들 앞에서 우리가 여성 쉼터를 할 수 없는 이유만을 계속 주장했다. 그러면 평점이 낮아지고 결국 여성 쉼터를 하지 않게 될 것이기 때문이다. 그런데 이게 웬일인지 실사단 아홉 명 모두가 우리 소중한사람들이 여성 쉼터를 잘 할 수 있다고 높은 평점을 준 것이다. 일이 이렇게 돌아가는 것은 주님이 우리에게 여성 노숙인들을 섬기라고 보내는 분명한 사인으로 받을 수밖에 없었다.

그 날부터 여성 노숙인들이 쉼터에 들어오기 시작했다. 그들을 만나면서 우리 소중한사람들에서 여성 쉼터를 열게 된 것이 얼마나 잘한 일인지, 얼마나 큰 주님의 은혜인지 알게 되었다. 길에서 만난 남자에게 성폭행 당하여 임신한 만삭의 노숙인, 배는 불러오고 갈 곳은 없고 죽음만이 유일한 길이었던 그녀는 쉼터에 들어와 한없이 울었다. 한 노숙인은 샤워를 하라고 하니 샤워는 하지 않고 머뭇거리고만 있다. 알고 보니 샤워하고 갈아입을 속옷 하나가 없는 것이다.

남자 노숙인들 틈에서 성폭행 당하고 매 맞아 몸과 마음이 병든 여성 노숙인들….

어려서는 부모에게 고아처럼 버려지고, 결혼해서는 남편에게 구타당하고, 거리에 나와서는 배가 고파도 남자 노숙인들이 무서워서 급식 시설에도 제대로 와보지 못한다. 여성 노숙인들은 여성 쉼터를 그들의 천국이라고 말한다. 병든 그들을 치료하고 교육시켜서 훌륭한 어머니가 되고 현숙한 아내가 되고 행복한 여성이 될 수 있도록 최선을 다할 것이다.

쉼터의 여성 생활인들에게 필요한 물건들을 사라고 각각 상품권을 나눠주었더니 한 여성이 자기보다 더 힘든 사람에게 그 상품권을 건네주었다는 소식을 들었다. 머지않아 쉼터에 들어온 여성들이 좋은 배우자를 만나 새로운 가정으로 돌아가는 일들이 많아지기를 나는 기대하고 소망한다. ❋

말하지 않아도 들리는 소리

먹을 것이 없어서 진흙으로 과자를 만들어
먹는 아이들…. 발이 델 정도로 뜨겁게 달궈진
돌밭을 신발 없이 맨발로 걷는 아이들….
한 모금의 물이 없어 목마른 아이들….
전 국민이 노숙인이나 다름없는 아이티
사람들에게 무엇이든지 무한정으로 나눠줘야
하는 우리는 3년 동안 하루도 빠짐없이
주님께 이렇게 말씀드렸다.

"주님! 그들에게 필요합니다."
주님은 단 한 번도 그들을 빈손으로 보내지
않게 하셨다. 한 아름씩 가슴에 안고
갈 수 있도록 공급하시고 또 공급하셨다.

쉼터 이야기 (1)
노란 손수건

1월 30일 저녁 한 여인이 소중한사람들 쉼터에 찾아왔다. 아름답고 선한 인상을 가진 이 여인을 보자 봉사자일 것이라는 생각이 들었다. '봉사시간이 끝났다'고 말했더니 '봉사하러 온 것이 아니고 사람을 찾으러 왔다'고 했다. 이 여인이 찾는 사람은 7년 전 집을 나간 자신의 남편 이대길 씨라고 했다. 이대길 씨는 우리 소중한사람들 쉼터에 온지 3년이 되었다.

　이대길 씨는 충남 청양에서 서울로 올라와 결혼하고 아들, 딸을 낳고 유복한 생활을 하면서 청바지 대리점을 경영했다. 그러나 사업이 잘 되지 않아 어려움을 겪고 있을 때 마침 동생이 인테리어점을 동업하자고 했다. 이대길 씨는 하던 사업을 접고 아파트를 팔아 월세로 돌리고, 집을 팔아 만든 돈으로 동생의 인테리어 사업에 투자하고 동업을 했다. 이대길 씨는 동생을 믿고 현장에서 충실히 일만 했는데, 어느 날 동생이 인테리어 가게의 돈 될 만한 것을 다 정리해서 미국으로 달아나 버렸다.

　이대길 씨는 사업에 투자한 돈은 물론이고 동생의 빚까지 떠안게 된 것이다. 아내는 다른 동생들이 부자 부모님에게서 돈도 잘 받아내는 것과 달리 한 푼도 못 받아내는 남편이 무능해 보이고 미웠다. 그래서 동생에게 큰 손해를 본 남편과 이혼하자고 싸웠다. 이대길 씨는 도저히 이혼할 수는 없어서 그날로 거리로 나선 것이다. 그동안 안 해본 일이 없을 정도로 궂은일을 해왔지만 돈은 모이지 않고 몸은 깊이 병들고 말았다. 문이 열려 있는 어느 교회 구석에서 쪼그리고 잔 날이 셀 수 없을 정도다. 삼 년 전 거리에서 자다가 소중한 사람들이 아침 급식을 나누어 주는 서울역 지하도로에 가서 급식을 받아먹다가 쉼터로 들어오게 되었다.

소중한사람들 센터는 마치 집과 같았고 가족처럼 느껴졌다. 그는 잃어버린 가정을 다시 찾은 듯 기뻤다. 그는 이곳에서 하나님을 믿게 되었다. 전에는 박절하게 자신을 내쫓은 아내가 미웠지만 이제는 여자로서 홀로 아이들을 기르며 생활해 나가는 아내가 고맙고 미안했다. 아내와 딸과 아들이 보고 싶어서 그 모진 그리움에 눈물을 흘리기도 했다. 그러나 아버지로서 가족들을 위해 가지고 갈 아무런 것도 마련되지 않아 그는 선뜻 가족에게로 돌아가지 못했다. 그저 아내가 살고 있는 미아삼거리 근처를 서성이다 돌아오곤 했다.

그런데 6개월 전에 정부에서 실시한 희망프로젝트에 소중한사람들 센터에서 일하는 일자리를 얻어 일할 수 있는 기회가 생겼다. 그는 열심히 일했고, 받은 월급은 쓰지 않고 다 저축했다. 혹시 아내에게 돌아 갈 날이 온다면 아내의 손에 몇 푼이라도 쥐어 주고 싶어서였다. 그러나 희망 프로젝트도 11월 말에 끝나고 그는 몸이 몹시 아프기 시작했다. 그래서 아무도 모르게 기도했다.

"주님! 가족에게로 돌아가고 싶습니다. 요즈음 제 몸이 너무 괴로워요. 부디 아내가 저를 용서해주고 무능한 남편이지만 저를 받아 줄 마음이 생겼으면 좋겠습니다. 아내와 아이들이 너무 보고 싶습니다."

아내는 남편이 집을 나간 7년 전에는 무능한 남편을 다시 보고 싶지 않아서 이혼하려고 서류도 준비했다고 한다. 남편 없이 혼자 아이들을 기르려니 안 해본 일이 없었다. 힘이 들면 들수록 무책임한 남편이 미워서 견딜 수가 없었다. 그러다가 5년 전부터 예수를 믿게 되었다. 예수를 믿게 되면서 아내는 집 나간 남편을 찾아 나섰다. 자신이 잘못했다고 빌고 집으로 모셔오고 싶었다. 그러나 어느 곳에서도 남편을 찾을 길이 없었다. 먼 친척이 서울역 노숙자가 되어 있는 모습을 보았다고 해서 서울역에 나와 찾아보았지만 헛수고였다. 아내는 이사도 하지 않고 남편을 기다렸다. 혹시 이사를 가버리면 남편이 찾아오지 못할까봐 걱정되어서였다. 전화번호도 바꾸지 않았다. 그렇게 남편의 흔적도 찾지 못한 채 세월만 흘러갔다. 더구나 요즈음 남편의 꿈을 많이 꾸게 되었는데 꿈에 나타난 남편이 병든 모습이었다. 아내는 더욱 초조하고 안타까웠다.

그런데 어느 날 남편의 흔적이 실린 우편물 하나가 집으로 배달되었다. 이대길 씨가 희망프로젝트에서 일한 근거가 적힌 우편물이었다. 아내는 설레고 떨리는 음성으로 서울시에 조회해 보았더니 남편이 소중한사람들 쉼터에 있다는 것이었다. 아내는 그 시간으로 남편을 찾아 소중한사람들 센터를 찾아 달려온 것이다. 그리하여 7년 동안 헤어져 살던 부부가 만난 것이다. 이대길 씨가 가족의 품으로 돌아갈 용기를 내지 못하고 홀로 외로이 아파 있을 때 참여한 희망프로젝트 서류가 자칫 영영 끊어질 뻔했던 가족과의 끈을 이어준 것이다. 주님을 믿는 아내의 변함없는 사랑의 기도와 주님을 믿는 남편의 기도를 주님께서 하나로 응답해 주신 것이다.

집으로 돌아가기 전 말끔히 이발을 하고 온 이대길 씨가 감격의 눈물을 흘리며 말했다.

"사모님! 저는 집으로 돌아가서도 소중한사람들을 잊지 못할 거예요. 제가 가장 힘들고 어려울 때 진정한 가족이 되어 주었거든요. 이제는 봉사하러 올 것입니다. 희망프로젝트 근로로 모은 돈 얼마를 아내에게 줄 수 있어서 너무 기뻐요."

이대길 씨를 보내는 우리들의 눈에서도 감사의 눈물이 하염없이 흘러내렸다.

"주님! 가정을 잃고 직장을 잃고 거리에서 헤매는 노숙인들이 모두 이렇게 집으로 돌아갈 수 있기를 간구합니다. 서울역에 노숙인이 한 명도 남지 않고 다 가족의 품으로 돌아갈 수 있다면 더 이상 바랄 것이 없겠습니다."

쉼터 이야기 (2)
태풍이 부는 밤에

15호 태풍 볼라벤의 위력은 대단했다. 나무가 뿌리째 뽑히고 비닐하우스는 말할 것도 없이 엿가락처럼 휘어졌다. 곳곳에서 산사태가 나고 도로가 유실되어 차량이 움직일 수 없는 상황이었다. 앞이 보이지 않을 만큼 집중호우가 내리는 밤이었다. 방송에서는 외출을 삼가라고 했고 거리는 거센 바람과 쏟아지는 폭우로 움직이는 사람이 없었다. 그런데 그 밤에 조용선 씨가 비를 흠뻑 맞아 젖은 옷은 말할 것도 없고 얼굴에서도 물이 뚝뚝 떨어지는 채로 센터를 찾아왔다.

조용선 씨가 우리 쉼터에 처음 입주했던 당시에는 얼마나 몸이 쇠약했던지 금방이라도 죽을 것 같은 모습이었다. 오랜 노숙 생활에 병을 얻어 마른 막대기처럼 말라 있었고 숨을 제대로 쉬지도 못했다. 그리고 지금은 따로 살고 있어 보살필 수 없는 아들을 어떻게든지 대학 졸업 때까지 가르쳐야 한다는, 아버지로서의 강한 책임감으로 항상 불안해했다.

그는 쉼터에서 지내는 동안 예수를 영접했고, 건강도 빠른 속도로 회복되어 갔다. 그는 남양주의 한 업체에 취직이 되었다. 쉼터에서 새벽같이 일어나 버스를 타고 가야하고 어떤 때는 새벽까지 일할 때도 있었다. 그는 월급날이면 그 무거운 수박 참외 등을 사들고 와서 쉼터 식구들과 나누어 먹는 것이 가장 행복하다고 했다. 또 월급의 반을 후원금으로 내 놓기도 했다. 내가 저

축을 해서 새 삶을 준비하라고 권면하자 그는 이렇게 말했다.

"사모님! 저는 이미 죽은 사람입니다. 이 쉼터에 들어오지 못했다면, 이곳에서 예수님을 만나지 못했다면 저는 이 세상 사람이 아닙니다. 그러니까 저는 하루하루를 덤으로 살고 있습니다. 오늘까지 나만 먹고 살려고 발버둥을 쳤지만, 가족들과도 뿔뿔이 헤어진 내 인생에 남은 것은 병든 몸뚱이 하나였습니다. 이젠 지난날처럼 살고 싶지 않아요. 다른 사람들과 나누며 살고 싶어요. 이것이 제가 찾은 새로운 삶입니다. 이 소중한사람들 쉼터가 저의 집이고 이곳에 함께 살고 있는 사람들이 저의 새로운 가족입니다."

그는 일이 밤늦게 끝나도 반드시 쉼터로 귀가하는 사람이었다. 그러나 오늘은 태풍이 불고 있는 위태로운 밤이 아닌가! 나는 깜짝 놀라며 비 맞은 그를 맞이했다.

"이렇게 태풍이 불어 위험한 밤인데 하룻밤 남양주에 계시지 이곳까지 왜 오셨어요?"

"사모님! 오늘은 저에게 특별한 날이에요. 바로 월급날이거든요. 다른 날이면 몰라도 월급날은 집에 돌아와 식구들과 만나야지요."

그는 주머니에서 비에 젖은 월급봉투를 꺼내 후원금을 내놓더니 '쿵!' 비닐에 싼 음료수 두 박스를 내려놓는다.

"사모님! 이 음료수가 피로회복에 좋다고 TV에서 선전하더라고요. 사모님이 밤낮 없이 일하시는 것이 생각나서 샀어요."

그런데 나는 그 음료에 대해 심한 알러지가 있었다. 그러나 나는 조용선 씨가 보는 앞에서 음료수 두 병을 꺼내 단숨에 마셨다. 그는 내가 음료수를 먹는 모습에 손뼉을 치며 어린아이처럼 좋아했다. 그러더니 이내 남양주로 돌아가야 한다고 했다.

'오늘은 위험하니 하룻밤 쉼터에서 자고 가라'고 만류해도 '오늘 야간작업이 있어서 다시 공장으로 가야 한다'며 끝내 폭풍이 몰아치는 거리로 나서고야 말았다. 비를 흠뻑 맞으며 걸어가는 그의 뒷모습이 까마득히 보이지 않을 때까지 나도 비를 맞고 거리에 서 있었다.

그들도 일이 끝난 후 돌아갈 집이 있다는 것이, 그들도 기다리는 식구가 있다는 것이 그들을 얼마나 행복하게 하는가! 내가 그들과 함께 살고 있는 한 가족이라는 것이 너무 행복해서 울었다. 눈물과 빗물이 계속 하나로 섞여 흘러내리는 태풍이 부는 밤이었다. ❀

쉼터 이야기 (3)
예수 믿게 됐잖아

그의 빈소는 초라하기 그지없었다. 내가 보낸 화환 하나만이 덩그러니 빈소를 지키고 있고 조문객은 한 명도 오지 않았다. 심지어 아들, 딸마저도 오지 않았다. 그의 두 동생들이 그렇게 이 세상을 살다간 오빠에 대한 원망을 늘어놓고 있는 동안 그의 영정 사진만이 환하게 웃고 있을 뿐이었다.

고(故) 김화일 씨는 2005년 소중한사람들에서 서울역 아침 급식을 나누어 주다가 만나게 되었다. 그는 경상도 사투리가 심했고 검은 피부에 키가 작아 덩치는 왜소했지만 눈빛은 생기가 있었다. 그 때 이미 예순 살이 넘었으니 갈 곳이 없는 길거리의 노인이었다. 쉼터로 들어온 그는 처음에는 술만 마셔댔다. 이 사람 저 사람과 다투기도 했다. 소리를 질러대기도 했다. 이렇듯 여러 사람과 함께 살아가는 공동생활에 적응하지 못해 항상 좌충우돌이었다.

그는 자신이 단체 생활을 할 수 없으니 청평에 있는 말기 암환자 무료 요양소 부지에 관리자로 보내달라고 했다. 물 맑고 공기 좋은 곳에서 그 곳을 지키며 농사도 짓고 산나물도 뜯고 약초도 캐며 살고 싶다고 했다. 나는 그의 소원대로 그를 청평으로 보내 주었고 그가 철따라 농사를 지을 수 있도록 힘껏 도와주었다.

한 번은 그에게서 다급한 목소리로 전화가 왔다.

"사모님! 불! 불이 났어요! 지금 산으로 마구 번지고 있어요!"

그가 아궁이에 불을 지피다가 실수로 기와집을 태웠고, 그 불이 산으로 계속 번져 들어가 온 산을 태운 것이다. 자신의 실수로 화재가 발생했는데 자신을 대신해서 내가 벌금을 내는 것을 보고 미안했던지 그는 불쑥 말을 꺼냈다.

"사모님! 제가 이번 주부터 교회에 나가겠습니다."

그 산불로 인하여 그는 교회에 첫 발을 들이게 되었다. 일주일에 한 번 그는 예배하러 서울에 왔다. 배낭 속에 농사지은 감자와 고구마를 짊어지고 두 손에는 고사리, 쑥, 밤, 도토리 등 철을 따라 산에서 얻은 것들을 들고 와서 성도들에게 다 나누어주는 것을 가장 기뻐했다. 한 해, 두 해… 해가 거듭될수록 그의 신앙은 깊어졌지만 하루도 빠지지 않고 마시는 술과 담배는 끊지 못했다. 나는 술과 담배가 건강에 해로우니 끊으라고 권면했고 그는 그때마다 웃음으로 응수했다. 그런데 하루는 입원 수술 동의서를 가지고 나를 찾아왔다.

"병원에서는 이 동의서에 사인을 받아와야 내가 입원이든 수술이든 할 수 있다고 하니 사모님이 보증인 란에 사인을 해 주십시오."

어디가 아프신지 내가 물으니 우물쭈물하던 그는 "제가 사모님이 술, 담배 끊으라고 할 때 말을 들었어야 했는데 듣지 않아서 병을 얻었는데, 의사가 하는 말로는 폐암 말기라고 합니다."

그는 폐암이라는 말을 감기처럼 쉽게 말하고는 내가 사인해 준 동의서를 들고 황급히 가버렸다. 사흘 뒤 그는 그 동의서를 들고 다시 나를 찾아왔다.

"사모님! 어찌 이 동의서에 사인을 했단 말입니까? 알고 보니 내 입원비, 수술비로 수천만 원이 나올 수도 있는 것에 사모님이 보증을 섰던 거라는 말입니다. 그렇게 많은 돈을 내야 하는 것을 알고 사인하신 것입니까? 모르고 하신 것입니까? 아이고, 누가 이 동의서에 보증을 서 줄까예? 내 부모도 형제도 자식도 이렇게 많은 돈을 내야 하는 것이라면 절대 보증 서지 않을 거라 예…."

그러면서 그는 내 사인이 들어있는 동의서를 찢어버리는 것이 아닌가!

"사모님! 저 수술 받지 않을 겁니다. 의사 말이 수술하고 항암치료 받으면 일 년을 살고, 수술 안하고 치료 안 받으면 6개월을 산다고 하는데 6개월 더 살자고 제가 맡아 지키고 있는 청평을 비울 수는 없어요."

단호히 말하면서 그는 5만원이 들어 있는 흰 봉투를 나에게 내밀었다.

"사모님! 의사가 앞으로 6개월 밖에 살지 못한다 하니 왜 그리 눈물이 나던지요. 그날 밤 난생 처음으로 하나님께 기도했습니다. 그랬더니 5살 때부터 지금까지 내가 지은 죄가 다 생각나지 않겠습니까? 세 시간 동안 통곡을 하면서 울었습니다. 그리고 나니 몸이 날아갈 듯 가볍고 힘이 불끈불끈 나지 않겠습니까? 의사는 지금쯤 제가 각혈을 할 거라고 했지만 각혈은 무슨… 기침 한 번 안 합니다. 밥도 잘 먹고 소화도 잘 시키고 식욕이 넘쳐납니다.

그런데 회개하다보니 제가 사모님께 5만원을 거짓말로 타낸 것이 생각나서 이리 가지고 왔습니다. 이것 받아주시고 저를 용서해 주세요. 그리고 사모님! 제가 죽기 전에 소원이 있습니다. 그것은 사모님과 TV에 나가 제가 예수 믿게 된 것을 한 번 선전하고 싶습니다."

그 날 방송 사회자가 "사모님을 만나 어떤 점이 좋았나요?"라고 묻자마자 그가 말했다.

"예수 믿게 되었어. 그게 내 인생에 가장 좋은 거였어. 내가 지금 아주 몹쓸 병에 걸렸어요. 병원에서 폐암 말기라고 해요. 그래도 난 지금 너무 행복해요. 조금 있으면 천국에 가니까요."

방송국에 다녀온 지 한 달 만에 그는 주님의 부르심을 받았다. 그는 영정 사진 속에서 나에게 손을 흔들며 웃고 있었다.

"사모님! 제 빈소가 초라하다고 슬퍼하지 말아요. 제 빈소에 아무도 오지 않았다고 아파하지도 말아요. 저는 이미 그곳에 없어요. 저는 벌써 천국에 와 있어요. 주님이 천국에 먼저 온 헤아릴 수 없이 많은 성도들을 데리고 나와서 제 천국 환영식을 성대하게 열어 주었어요."

나는 그를 향하여 환하게 웃음을 지어 보였고 가볍게 작별의 손을 흔들었다.

그날 나에게는 간절한 소원이 하나 더 생겼다. 그것은 나를 만난 노숙인들이 그들의 마지막 순간에 "내가 사모님을 만나 예수 믿게 되었잖아. 그게 내 인생의 가장 좋은 거였어"라는 고백을 하게 되는 것이다.

어떻게 하면 서울역에 있는 노숙인들에게 예수를 믿게 할 수 있을까?

노숙인 전용 작업장 새희망 일터

노숙인들은 일하고 싶어도 일할 곳이 없다. 오랫동안 노숙생활을 하다보면 몸은 병들고 점차 일하는 것에 자신감이 없어진다. 경영주들의 입장에서 보면 노숙인에게 일을 맡겨 놓았더니 한 시간도 못하고 일만 망쳐 놓고 가 버리기 일쑤다. 그러면 다시는 노숙인을 고용하지 않겠다는 생각을 굳히게 된다. 또 노숙인은 자기 나름대로 열심히 일했는데 한 시간 일한 것에 대한 노임은 받지도 못하고 욕만 실컷 얻어먹고 내쫓기는 신세가 되다 보니 일하는 것에 엄두를 내지 못한다. 그래서 노숙인들에게는 일하는 것도 훈련이 필요하다.

우리 소중한사람들은 노숙인 전용 작업장을 시작했다. 종이 쇼핑백을 접는 일인데 처음에 인쇄소에서 물건을 맡기려 하지 않았다. 그것은 일하는 사람이 노숙인들이어서 불량이 많이 나올 것이라는 선입견 때문이었다. 나는 인쇄소 대표에게 보편적으로 감안해주는 불량률 5%가 넘는 것은 전체 손해 보상하겠다는 각서를 쓰고 일감을 받았다.

종이 쇼핑백 한 개를 접으면 50원을 받았는데 노숙인 열 경이 하루 여덟 시간 일을 할 때 도합 천 장 정도를 할 수 있었다. 그렇다면 한 명당 받게 될 하루 일당은 오천 원 꼴이 된다. 물론 인건비 외에 공공요금, 식사비 등은 전혀 계산하지 않고도 말이다. 그래서 능력에 따라 인건비를 주는 것이 아니라

유정옥 글 | 227

한 시간당 4,500원을 지급했다. 급료는 한 달을 기다리게 하면 일하는 열정이 사라질까봐 주급으로 지급했다. 두 달 정도 지났을 때 그들은 시간당 3천원만 달라고 졸라댔다. 어느 곳에서도 일할 기회를 얻지 못했던 자신들에게 이렇게 좋은 직장을 주셔서 일하게 된 것만도 감사한데 사모님이 너무 손해를 보니 이 직장이 없어질까봐 시급을 낮춰 달라는 것이다. 어느 노숙인이 나에게 만 원을 달라고 하기에 작업장에 가서 세 시간 일을 하면 만 원이 생긴다고 했더니 달려가서 일하는 것을 보았다.

이들은 아침마다 일하러 갈 곳이 있어 너무 기쁘다면서 아침 9시 출근인데 7시 30분이면 벌써 일터에 나온다. 점심시간도 10분만 식사시간으로 쓰고 바로 작업을 재개한다. 누가 시켜서 하는 것이 아니라 서로 자발적으로 열심히 일하다보니 능률이 생겨서 처음 일할 때보다 두 배의 생산을 한다. 또한 그토록 치료되지 않던 우울증, 조울증 등의 정신적인 질환도 일하면서 치유되고 있다.

일하려 하는 사람의 자격은 정신적으로 연약한 사람, 몸에 장애가 있는 사람, 다른 곳에서 일할 수 없는 사람 순이다. 다른 곳에서도 얼마든지 일할 수 있는 건강한 사람은 오히려 받지 않는다.

일하는 사람 중에 한글을 모르는 사람이 있어서 글자 무늬를 거꾸로 붙여놓아 밤을 새워 뜯어내고 다시 일하는 해프닝도 있었지만 지금은 불량이 거의 나오지 않는다. 또 인건비가 좀 더 높은 일들이 간혹 섞여 들어오기도 해서 그들의 수입이 높아질 때 나는 가장 기쁘다. 주 40시간으로 한 달 이상 일할 수 있는 사람은 보수가 높은 일반 직장으로 취업을 시켜준다. 그러면 그들은 이제 더 이상 직장에서 쫓겨 오지 않고 잘 적응하여 나간다.

일터를 운영하는 일은 매월 5백만 원 이상 적자가 나지만 우리는 노숙인 전용 작업장을 2년 동안 해오고 있다. 더 많은 노숙인이 이곳에서 일하는 훈련을 하고 자활에 성공하여 건강하게 사회로 복귀할 수만 있다면 이것은 돈으로 환산할 수 없는 무한정의 자원이기 대문이다.

"천국은 마치 품꾼을 얻어 포도원에 들여보내려고 이른 아침에 나간 집주인과 같으니…"(마 20:1).

포도원 주인은 해가 넘어가기 직전에 장터에 나간다. 그 시간에도 거리에 서 있는 사람들이 있었다.

"너희는 어찌하여 종일토록 놀고 여기 서 있느냐."

그들이 이르되 "우리를 품꾼으로 쓰는 이가 없음이니이다."

포도원 주인은 다른 주인들이 하루 종일 품꾼으로 뽑아가고 난 나머지의 사람들, 포도원에 데려 가봐야 티끌만큼도 보탬이 되지 않는 사람들을 포도원으로 데리고 간다. 이것은 자신의 포도원의 이익을 위해서 데려가는 것이 아니라 아무 짝에도 쓸모없는 사람들을 쓸모 있는 사람으로 인정해주며 그들의 유익을 위해서 그들을 불쌍히 여겨 포도원의 일꾼으로 데려가는 것이다. 포도원에 데려가면 무조건 적자인데도 말이다. 그리고 주인은 그들에 대한 대가로 "내가 너희에게 상당히 주리라"고 말씀하셨다.

누가 불러 주지 않아 저녁때까지 거리에 서 있던 사람 중 하나가 바로 나였다. 그런데 주님이 나에게 일하라고 당신의 포도원의 일꾼으로 불러 주셨다. 그 일이 바로 노숙인을 섬기는 일이다.

나는 그들에게 급료를 나누어 주는 매주 금요일마다 마음속으로 계속 고백하고 다짐한다.

"상당히 주리라."

나는 그들에게 어찌하든지 급료를 많이 주고 싶어서 오늘도 안달이 난다. ❈

하나님의 보물찾기

1988년 5월은 내 남편이 신학교에 다니면서 종로5가에 교회를 개척한 해였다. 나는 교회에 병상 두 개를 놓고 병원에서 치료가 불가능하다고 포기한 호스피스 환자들을 돌보는 일을 하고 있었다. 한 환자를 만나면 6개월 가까이 지극 정성으로 간호해 주었다. 나는 내가 돌보고 있는 환자들이 어찌하든지 예수님을 영접하게 해주고 싶어서 그들을 위해 밤마다 기도할 수밖에 없었다.

그러던 어느 밤이었을 것이다. 기도하고 있는 내 입에서 순암, 치주암, 설암, 식도암, 위암, 췌장암, 담낭암, 신우암, 신장암, 폐암, 유방암 같은 암에 대한 기도가 계속 쏟아져 나왔다. 아무리 기도를 그치려 해도 멈추지 않고 계속 나오던 암은 뇌종양을 마지막으로 끝이 났다.

우리 몸의 기관에 암이라는 명칭만 붙이면 무조건 암이 되는 것인지 우리 몸은 마치 암덩어리의 총 집합체처럼 느껴졌다. 나는 이런 기도가 왜 나오는지 의아해하며 마음을 비우고 성령께 귀를 기울였다. 그 때 이런 물음이 던져졌다.

"사람의 생명의 근원이 어디에 있느냐?"

"예! 피에 있습니다."

"피의 근원은 어디에 있느냐?"

"물에 있습니다."

"이렇게 많은 암이 사람에게 온 것은 사람이 하나님께서 주신 물을 오염시켰고, 그 오염된 물이 나무와 채소, 동물을 오염시켰고, 사람이 그 오염된 것을 먹음으로써 암이라는 질병에 매이게 된 것이다. 네가 암에 걸린 사람들을 사랑과 믿음으로 돌보아 주거라. 물이 오염되지 않은 곳을 보이리라."

나는 그날 밤 신비한 체험을 하며 오동나무가 줄지어 있는 곳을 보게 되었다. 그곳은 4년 전 내가 주님을 만난 ○○○기도원과 너무도 흡사했다.

나는 그 이튿날 날이 밝는 대로 그 기도원을 찾아갔다. 그리고 다짜고짜 기도원을 나에게 팔라고 했다. 기도원 관계자는 '뭐 이런 정신 나간 여자가 이른 아침부터 쓸데없는 소리를 하나' 싶었는지 장난삼아 천문학적인 금액을 말했다. 그 돈이 있으면 어디 한번 사보라는 것이었다. 나는 돈은 하나님이 주시는 것이니 주님께 맡기고 단숨에 가평 등기소로 달려갔다. 알아보니 매매, 양도, 설정 등을 할 수 없는 국유지였다. 나는 다시 기도원으로 되돌아가 "매매할 수 없는 국유지를 어찌 매매한다고 했느냐?"고 항의했다.

그런데 집으로 돌아오는 길에 기도원과 경계가 붙은 곳에 오동나무가 줄서 있는 것이 보였다. 나는 두발걸음에 그 집으로 뛰어 올라가 혹시 이 땅을 팔 생각이 없는지 물었다. 그 집 주인은 갑작스런 나의 제의에 어안이 벙벙해하더니 정신을 가다듬고 더듬더듬 말하기 시작했다.

"내가 이 땅에서 주님의 사역을 하고 싶어서 두 번 40일 금식을 했지요. 그런데 요즘 아내가 집을 팔고 아파트로 이사를 가자고 졸라대서 고민하던 중입니다."

그러면서 집과 땅을 팔게 되더라도 그 다음 사람이 주님을 위하여 이 땅을 쓰는 사람이기를 기도한다고 했다. 나는 집과 땅을 사면 갈 곳 없고 돌보아 줄 사람이 없는 극빈한 말기 암환자들을 위한 무료 요양소로 쓰려고 한다고 말했다. 그러자 그 사람은 주님이 자신의 기도를 들어 주셨다며 기쁨의 눈물을 흘렸다. 나는 그 땅에 대한 아무런 정보도 없이 중개인도 없이 그 자리에서 무조건 계약을 했다. 마침 며칠 전 친정어머니가 주신 7백만 원이 주머니에 있었기 때문에 주님께서 그 돈을 계약금으로 주셨다면 그 계약금의 열 배인 7천만 원을 땅값으로 쳐서 제안했다. 땅 주인도 흡족해 했다. 나는 목회를 하고 있어서 크리스마스 때까지는 바쁘니 12월 27일에 잔금 6천3백만 원을 갖고 오겠다고 말하고 돌아왔다.

하지만 달포가 지나도록 나에게는 단 한 푼의 돈도 마련되지 않았다. 그렇게 12월 26일이 되었고 나는 '은행 업무 마감시간까지는 주님이 분명 잔금을 주실 텐데…' 하며 기다렸다. 그러나 은행 마감 시간인 4시 30분이 지나고 5시가 되었다. 조바심이 난 나는 '주님이 어디엔가 그 돈을 마련해 놓으셨을 텐데…' 하면서 언니에게 전화를 했다.

"언니! 지난번 엄마가 주신 돈으로 갈 곳 없는 말기 암환자 요양소를 짓기 위해서 청평에 토지 매매 계약을 했어. 내일이 잔금 치르는 날인데 주님이 그 잔금을 어디에 두셨는지 찾기 어려워서 언니가 나와 함께 보물찾기를 해 달라고 전화를 했어."

"뭐? 너 무슨 뚱딴지같은 소리야? 딸들이 엄마에게 용돈 쓰시라고 한 푼 두 푼 보내드린 걸 엄마가 쓰지 않고 알알이 모아서 너에게 준 것인데, 한꺼번에 날리려고 얘가 또 무슨 짓을 한 거야? 그 잔금이 도대체 얼만데?"

"응 6천3백만 원."

"뭐! 너 그게 얼마나 큰돈인 줄이나 알고 있니? 지금 저녁인데 하루 사이에 어디서 어떻게 그 많은 돈을 해내?"

언니의 목소리는 화난 목소리를 지나 울음이 섞여 있었다. 나는 그런 언니의 마음을 잘 안다. 63만 원이나 630만 원이라면 몰라도 그 돈은 언니에게도 나에게도 불가항력적인 금액이라는 것을….

"정옥아! 정신 좀 차려라. 너도 다른 사람들처럼 조용히 목회만 하면 얼마나 좋겠니? 아니, 내가 믿는 하나님 다르고 네가 믿는 하나님 다르니? 한 부모님 밑에서 똑같이 예배드리고 자랐는데 왜 그렇게 이상하게 예수를 믿니?"

"언니! 언니에게 그 잔금 해달라는 게 아니야. 주님이 준비한 것 함께 찾자는 것이었어!"

"시끄러워! 네 엉뚱한 짓 때문에 엄마 돈만 날아가게 됐어."

언니가 일방적으로 전화를 끊었다.

그리고 한 시간이 흐른 6시경 이번엔 언니에게서 전화가 왔다.

그런데 "정옥아!" 한 마디 하고 언니는 소리 내어 울기 시작했다.

"언니! 왜 울어? 나는 정말 언니에게 돈 해달란 것이 아니라니까."

"아니야 정옥아! 네가 믿는 하나님이 다르고 내가 믿는 하나님이 달라서 울어. 네 전화 받고 네가 매일 엉뚱한 짓만 저지른다고 두 발 뻗고 울면서 주님께 너 좀 말려달라고 기도하고 시장을 나갔지 궈니? 그런데 시장에서 전에 너를 사랑해주시던 장 장로님을 만났어. 반가워하면서 막내 동생 목회 잘 하냐고 묻기에 네가 조금 전에 엉뚱한 소리를 해서 속이 상해 한참 울었다고 했더니 그 장로님이 눈물을 흘리며 우시잖아. 내가 괜히 쓸데없는 소리를 했다고 미안해하니까 이런 말씀을 하셨어. '아니야! 그 보물 나에게 있어. 내가 위암에 걸렸는데 지금 말기야. 병상에 누워 생각해 보니 내 평생에 베푸신 하나님의 은혜가 너무 놀랍고 커서 주님께 어떻게 보답하고 죽을까하고 생각하였지. 그래서 이번에 유산 받은 땅을 팔았어. 지금 그 돈을 가지고 오는 길이야. 주님의 은혜를 티끌만큼이라도 갚고 싶은데 나에겐 시간이 없다고 어쩌면 좋으냐고 한탄했는데 주님이 이 돈을 어디에 어떻게 써야 한다고 확실히 증거해 주셨어. 어서 동생 은행 계좌를 알려줘!'라고 하시지 않겠어?"

전화 속의 언니도 울고 나도 울었다.

주님이 감추어 놓은 보물찾기는 그 날 그렇게 말기 암환자 요양소가 되어 나에게 왔다. ❋

가을산

밤나무 높은 가지
하늘 끝에 닿았어라

오색옷 차려입은
어여쁜 새 한 마리
힘껏 차고 날아라

이내
툭! 툭!
밤송이 떨어진다.
벌어진 입속에
알알이 영근 밤

내가 먼저 보았는가
달려갔더니
숨어서 지켜보던 다람쥐 한 마리
쪼르르 달려 나오다
깜짝!
발을 멈춘다.

(청평 말기 암환자 무료요양소 부지에서 어느 가을날)

천사(1004)

말기 암환자 무료 요양소 부지의 잔금을 치르자마자 건축 설계에 들어갔다. 나는 아침에 해만 떠오르면 억누를 수 없는 열정과 흥분으로 청평을 향하여 쏜살같이 달려갔다. 그날은 토목 설계에 따라 경계 측량을 하는 날이었다. 건축을 맡은 회사에서 심각한 얼굴로 나에게 다가오더니 "사모님! 이 땅은 건물을 지을 수 없습니다. 진입로가 없어요. 즉 맹지입니다."

"맹지라니요? 이렇게 집도 있고 창고도 있고 길도 있는데요?"

"사람이 다닐 수 있는 길이 있지만 차가 다닐 수 있는 도로는 아니고 또 지적도 상에는 길이 없습니다. 건물을 지으려면 진입로에 해당하는 땅 주인에게 토지사용승낙서를 받아야 합니다."

"예! 그렇다면 제가 그 땅 임자에게 토지사용승낙서를 받아올게요."

그러나 물어물어 찾아간 땅 임자는 ○○○기도원에게 땅을 장기 임대 주었기 때문에 아무리 본인이 땅 소유자라 해도 그 곳의 승낙을 먼저 받아 오라고 했다. 나는 얼마든지 승낙서를 받아 올 수 있다면서 의기양양 했으나 그 승낙서를 받기 위해서 아무리 부탁하고 애원해도 소용이 없었다.

그렇게 땅이 묶인 채로 속절없는 세월만 흘러가고 있었다. 그 땅은 하나님의 일 점 일 획도 틀림없는 섭리 안에서 구입된 땅이기에 나는 이렇게 아무 일도 못하고 멈춰있다는 것을 용납할 수가 없었다. 주님은 '이 세상 사람들이 물을 오염시켰고 그 오염된 물이 원인이 되어 사람들이 감당할 수 없는 불치병이 온 것인데, 치유를 위해 사용될 오염되지 않은 물이 그 곳에 묻혀 있다'고 알려 주셨다. 주님은 '소화기 환자는 칡물을 먹이고 외부 질환자는 쑥으로 치유해 주라'고 하셨다. 내가 그 곳에 요양소를 지으면 그 많은 사람들에게 어떻게 다 칡물을 갈아 먹일 수 있겠냐고 묻자 그 곳에 칡뿌리가 녹아든 깊고 깊은 물 샘을 보여 주셨다.

"7년 가뭄이 와도 이 물은 마르지 않을 것이다. 너는 그 물을 돈을 받고 팔지 말 것이며 그 물을 능력의 생수라 말하지 말라. 사람을 살리는 생수는 오직 예수 그리스도의 보혈뿐이다."

나는 하도 기가 막혀서 소리쳤다.

"주님! 제가 봉이 김선달입니까? 이 세상 어느 바보가 물을 돈 주고 사먹겠습니까? 나는 봉이 김선달같이 빼어난 능력이 없으니 걱정 마세요. 절대로 돈을 받고 물을 팔지 않겠습니다!"

그런데 놀라운 일이 일어났다. 그 이듬해부터 사람들이 물을 돈 주고 사먹기 시작했다. 심지어 나에게 그 땅을 산 가격의 몇 배를 줄 테니 그 땅을 팔라는 생수 사업자까지 나타났다. 설상가상으로 우리 가정과 교회는 재정적인 어려움에 허덕이고 있었는데 많은 돈을 준다고 해도 그 땅을 생명처럼 지키고 있는 나에 대한 원망은 가족들에게까지 번져왔다.

그러나 나는 주님께서 나에게 부탁하신 일을 반드시 이루실 것을 굳게 믿었다. 아니 하나님이 이렇게까지 했는데 믿지 않는 것이 더 힘든 일일 것이다. 이십 년이 넘는 세월이 무심히 흘러가는 동안 병원에는 암환자들로 넘쳐났고, 호스피스 환자들을 돌보아야 한다는 마음은 날이 갈수록 절박하고 다급해져 갔다. 소중한사람들은 더 많은 동역자들의 기도와 마음과 후원을 모으기 위해서 말기 암환자 무료 요양소 건립을 위한 천사(1004명) 회원을 모집하게 되었다. 그리고 드디어 진입로 땅 임자로부터 그 땅을 매입하라는 연락을 받았다. 우리는 두조건 승낙을 했고 계약을 했다.

　30년의 목회 생활 동안 나의 지난날은 여호와께서 여기까지 우리를 도우시는 에벤에셀로, 나의 오늘은 하나님이 우리와 함께 하시는 임마누엘로, 나의 내일은 여호와께서 준비하시는 여호와 이레의 그 하나님을 온전히 믿으며 내 인생의 모든 것을 맡겼다.

　벽돌 한 장 한 장에 천사 후원자들의 이름을 새겨서 요양소를 지을 것이다. 그 곳에서 갈 곳 없고 간호해 줄 가족도 없는 환자들이 주님의 사랑으로 돌보는 간호사와 요양사의 보호를 받게 될 것이다. 올 가을엔 청평 요양소 앞에서 다 같이 예배를 드리고 찬양을 하게 될 것이다.

천사는
온몸에 눈을 갖고 있다.
그래서 모든 것을 다 볼 수 있다.
천사는
온몸에 귀를 갖고 있다.
그래서 모든 것을 다 들을 수 있다. ❊

나를 도와줄 수 있나요?

아이티에서 연락이 왔다. 2010년 1월 12일 아이티에 지진이 나자 전 세계에서 구호 물품이 쏟아져 들어갔다. 그러나 아이티에서는 그 물품들을 나누어 주는 것이 더 힘들었다. 물품을 받으러 나온 국민들이 무질서 속에서 폭도로 변해 갔기 때문이다. UN에서는 누가 구호물품을 적절히 잘 나누어 줄 수 있을까 하여 그 일을 맡을 단체를 찾던 중 나눠 주는데 탁월한 소중한사람들을 선정하였다. 무엇이든 노숙인들에게 잘 나눠주는 단체이니 아이티 국민들에게도 잘 나눠줄 수 있다고 인정되어 소중한사람들은 아이티에 첫발을 디뎠다.

지진 후 아이티의 참상은 이루 말로 다할 수 없었다. 거리에는 고아들이 넘쳐나고 있었고 어머니들은 배고픈 아기를 안고 와서 "제발 내 아기를 고아로 받아 달라"고 고아원 앞에서 진을 쳤다. 기존 고아원들은 정원의 3배의 고아들을 받아 난민 수용소를 방불케 했다. 고아들은 학교에 가지 못하며 열악한 환경 속에서 누구의 보살핌도 없이 그저 후원단체로부터 무언가 얻어먹을 수 있다면 다행인 지경이었다. 화장실이 없거나 노천인 곳은 배설물이 방치되고 있다가 비가 내리면 삽시간에 홍수처럼 불어난 물 위로 둥둥 떠다녔다. 시간이 지나면 어딘가에 가라앉아 흘러가 악취를 풍기고 전 국민을 콜레라의 공포에 떨게 했다. 거리에는 쓰레기가 이리저리 날아다니고 차에 막무가내로 매달린 아이들은 과자 하나 구걸하려고 목숨을 건다. 바지를 입지 못해 다 찢어진 윗옷을 잡아당겨 아랫도리를 감추려는 여덟 살 소년의 참담한 수치심이 가슴을 저리고 아리게 하는 나라 아이티!

나는 아이티에 예수마을을 세울 것을 소원했다. 배고픈 사람에게 음식을, 헐벗은 사람에게 한 벌의 옷을, 병든 사람에게 약과 진료를…. 그리고 고아들과 미혼모가 보살핌을 받을 수 있는 쉼터가 있는 곳을 마련하고 싶었다. 그 간절함으로 한국에 돌아온 지 닷새 쯤 되던 날, 약 60세 정도로 보이는 여인이 나를 찾아왔다. 그 여인은 누런 서류 봉투를 나에게 내밀며 말했다.

"보름 전에 제 친구가 저세상으로 떠났어요. 그런데 그 친구가 이 서류를 사모님께 꼭 전해달라고 간절히 당부하고 죽었어요."

나는 그 서류 봉투를 뜯으며 뜨거운 눈물을 흘렸다.

내 책(울고 있는 사람과 함께 울 수 있어서 행복하다)이 출간된 후 수많은 사람에게서 전화가 왔다. 어떤 이는 남편이 집을 나갔으니 어떻게 찾을 수 있냐고, 어떤 이는 월세를 못 냈는데 도와줄 수 있냐고…. 갖가지 사연을 하소연하고 상담을 해 온다. 전화 오는 사연의 99%는 자신이 고통을 당하고 있으니 도와달라는 내용이고 1% 정도는 사모님이 하는 사역을 어떠한 부분이라도 도울 수 있는 길이 있는지 묻는 전화다.

2007년 가을 어느 날, 그 분은 힘이 하나도 없는 목소리로 나에게 전화를 했다.

"사모님! 내가 지금 법적으로 어려운 처지에 있습니다. 나를 도와줄 수 있나요?"

"제가 어떻게 해야 도울 수 있을까요?"

"사모님의 주민등록증을 앞뒤로 복사한 것과 주민등록등본 한 통을 보내주시면 제가 법적인 올무에서 풀려날 수 있어요."

이튿날 그 여인이 말한 곳으로 그 서류들을 보내 주었다. 그 이후 여인에게서는 잘 받았다는 전화 한 통도 오지 않아서 나는 무소식이 희소식이려니 하고 까맣게 잊고 지냈다. 그런데 그 서류 봉투 속에 3년 전에 내가 보낸 서류가 들어 있었다. 그리고 그 앞장에는 이렇게 씌어져 있었다.

유언공정증서-유언자는 다음의 수증자에게 별지 기재와 같이 유증하였다. 유정옥의 수증분 본 건물을…. 그렇게 공증을 해 놓은 문서에는 파주의 아파트가 명시되어 있었다. 그녀가 살고 있던 작은 아파트를 나에게 주고 싶어서 "나를 도와 줄 수 있나요?" 라고 전화 했던 것이었다.

우리는 주님이 아무런 사인을 주지 않아도 주님을 믿어야 한다. 그러나 주님은 우리의 한걸음도 가만히 계시지 않는 분이시다. 주님이 우리를 지지하고 있다고, 주님이 우리를 힘껏 돕고 있다고, 주님이 내 곁에서 한 발짝도 멀어짐 없이 함께 가고 있다고, 한 걸음 한 걸음 옮길 때마다 이렇게 정확하고 확실하게 당신을 만지게 하시고 목격하게 하신다. ✽

내가 그들을 불쌍히 여기노라

나는 지체하지 않고 그 아파트를 팔아 아이티에 센터를 마련했다. 그리고 매일 무료 급식과 옷과 의약품 생필품을 나누어주는 일과 예배와 교육을 책임질 선교사를 파송하기로 했다. 그러나 누가 아이티의 영혼들을 가슴에 품고 선뜻 그 땅으로 떠날 수 있겠는가?

아무리 찾아보아도 갈 사람이 없었다. 어떤 일을 해야하는데 할 사람이 없을 때는 바로 내가 해야 한다는 뜻이다. 그래서 청년부 목사로 사역하고 있는 아들을 불렀다.

"아이티는 하루 빨리 급식을 나눠줘야 영양실조로 죽어가지 않게 할 수 있어. 그들에게 어서 회충약을 나눠줘야 한다. 그래서 엄마가 보름은 아이티에서, 보름은 한국에서 일해야겠다."

"어머니! 만약 그렇게 하시면 온도차와 시차에 적응하다가 어머니는 병들어 돌아가실지도 몰라요. 그러니까 어머니! 제가 교회를 사임하고 아이티로 가겠습니다."

아들의 비장한 얼굴을 보며 나는 주님께 감사했다. 나는 아들들이 주님이 부르시면 그 곳이 아골 골짝이어도 소돔 같은 거리여도 나병 환자들이 모여 사는 소록도여도 어디든지 언제든지 달려갈 종이 되기를 기도해왔다.

"그러면 너무 좋지! 그러나 몸이 허약한 며늘아기는 어떡하니? 응급실에 실려 가는 일이 많은데 아이티는 실려 갈 응급실도 없단다."

"주님이 건강을 책임져 주실 거예요!"

아들과 헤어진 후 나와 6년 동안 한 몸처럼 동역한 송연숙 전도사님에게 이 사실을 알렸다. 송전도사님은 조금의 망설임도 없이 내게 말했다.

"사모님! 제가 갈게요!"

송 전도사님은 내가 내 자신보다 더 믿는 분이다. 그런 분이 아이티에 간다고 하니 말할 수 없이 기뻤다. 그러나 6년 동안 슬픔과 기쁨을 나와 함께 나누며 동역해 온 그와 헤어진다는 것은 감당하기 어려운 상실이어서 선뜻 대답이 나오지 않았다.

2010년 10월! 소중한사람들은 송 전도사님 부부와 강 목사님 부부, 네 명의 선교사를 아이티에 파송했다. 본격적인 사역을 시작하기 전에 필요한 물건을 구입하다가 나는 아이티의 살인적인 물가에 현기증이 났다. 모든 물품을 수입에 의존하다보니 한국 물가의 3배 정도였다. 7년 동안 노숙인들에게 무료급식을 하면서 한 번도 느껴보지 못했던 두려움이 강물처럼 밀려와 잠을 이루지 못하고 밤을 새며 침대를 빙빙 돌았다.

"주님! 저는 이 아이티가 너무 두려워요. 네 명의 선교사도 한국에서의 모든 생활을 정리하고 이곳에 왔는데 어떡하면 좋아요?"

새벽기도 때 주님은 나에게 말씀해 주셨다.

"내가 그들을 불쌍히 여기노라!"

일곱 개의 떡과 두어 마리의 작은 생선으로 사천 명을 배불리 먹이는 마가복음 8장의 말씀은 모인 무리들을 굶겨 집으로 보내면 길에서 기진할 것이라는 문제 제기를 주님이 직접 하신다. 그 말씀은 곧 "내가 그들이 먹을 것이 없는 것을 이미 알고 있다. 그들을 불쌍히 여기는 것은 너희들이 아니고 바로 나다!"는 것이다. 이 말씀은 밤에 잠을 잘 수 없을 만큼 두려워하던 나의 모든 걱정과 근심을 남김없이 다 몰아냈다. 나는 찬양의 환호성을 질렀다. 주님이 그들을 위하여 모든 것을 공급하실 것이라는 믿음이 밀려왔다. 피부가 검다 못해 푸른 빛까지 도는 그들을 향하여 주님은 말씀 하신다.

"내가 그들을 불쌍히 여기노라!"

나는 아이티 사역의 모든 것을 그 말씀 위에 올려놓았다.

주님 필요합니다

두려움이 사라진 나는 무엇이든 필요한 것이 있으면 돈으로 사는 것이 아니고 주님께 "주님 필요합니다"라고 하면 된다는 것을 알았다.

"주님! 발전기가 필요합니다" 했더니 아이티 선교사님이신 탁 목사님 댁에 발전기가 두 대 있는 것이 보였다. 탁 목사님은 이번에 이사를 했는데 용접하는 사람이 플러그를 잘못 꽂아 발전기가 고장이 나는 바람에 용량이 큰 발전기로 바꾼 것이라고 했다.

고장난 발전기를 우리가 고쳐서 쓰면 안 되겠느냐고 조심스레 물었더니 우리는 발전기 수리하는 곳도 모르고 수리하려면 도미니카까지 가야 한다면서 탁 목사님이 수리를 완전히 해서 우리 소중한사람들에게 선물하겠다고 하셨다. 이렇게 저렇게 구입하고 장만하다가 마지막까지 마련하지 못한 것은 자동차였다.

아이티에서는 자동차가 없으면 꼼짝도 할 수 없다. 더구나 피부가 하얀 외국인들은 그들의 눈에 띄게 되고 강탈의 표적이 되기 때문이다.

나는 선교사님들에게 되도록 외출을 삼가고 부득이 외출해야 할 경우는 차를 렌트해서 쓰라고 했다. 아이티에서 한국으로 돌아온 후 두 달 동안 아이티의 자동차를 위해서 기도했다. 이틀 후인 12월 28일에 아이티를 향하여 다시 들어가야 하는데 자동차에 관하여 아무런 진전의 기미가 없다. 눈이 하얗게 내린 12월 26일 조이어스교회에서 연락이 왔다.

박종렬 목사님을 만났다. 목사님은 2011년 새해부터는 가난하고 고통당하는 이웃을 섬기고 나누는 교회로 세워지기 위한 목표를 세웠는데 교회 자체로 일하는 것보다는 이미 노숙인들을 위해 일하고 있는 소중한사람들과 동역하기를 원한다고 하시면서 구체적인 봉사 일정을 의논하였다.

나는 의논을 마친 후 목사님께 이틀 후에 아이티에 가게 된다고 말씀 드렸더니 목사님은 '아이티 사역을 위해서 우리 교회에서 무엇을 도와주기 원하느냐'고 물었다.

나는 주저 없이 큰소리로 외쳤다. "자동차를 사 주세요!" 목사님의 큰 눈이 더욱 커졌고 잠깐 놀라는 기색이었다. 나는 속으로 이렇게 말하고 싶었다.

'알아요. 목사님 저도 잘 알아요. 제가 목사님과 만난 지 몇 분도 안 됐는데 자동차를 사달라고 하는 것은 너무 큰 부탁인 것을 저도 알아요. 그렇지만 목사님! 우리는 지금 자동차가 필요합니다. 너무 절실하게 필요합니다.'

나는 목사님께 짧게 말했다. "목사님! 자동차가 너무 절실해서요."

박 목사님은 이내 호탕하게 웃으시면서 "작은 사모님이 크게 구하시네요. 좋아요! 제가 우리 교회의 아이티 후원회장과 사모님을 연결해 드리겠습니다."

주님은 아이티로 떠나기 이틀 전에 이렇게 자동차를 주셨다.

'주님! 아이티 예수 마을을 지으려면 땅이 필요 합니다.' 주님은 레오간에 땅을 주셨다.

'주님! 사탕수수 밭이었던 이 땅에 예수 마을을 지으려면 자갈을 깔아야 합니다.' 트럭도 없고 중장비도 없는 나라 아이티에서 주님은 트럭 520대분의 자갈을 깔아 주셨다. UN 평화군 한국군 단비부대를 동원해서 말이다.

먹을 것이 없어서 진흙으로 과자를 만들어 먹는 아이들…. 발이 델 정도로 뜨겁게 달궈진 돌밭을 신발 없이 맨발로 걷는 아이들…. 한 모금의 물이 없어 목마른 아이들…. 전 국민이 노숙인이나 다름없는 아이티 사람들에게 무엇이든지 무한정으로 나눠줘야 하는 우리는 3년 동안 하루도 빠짐없이 주님께 이렇게 말씀드렸다.

"주님! 그들에게 필요합니다."

주님은 단 한 번도 그들을 빈손으로 보내지 않게 하셨다. 한 아름씩 가슴에 안고 갈 수 있도록 공급하시고 또 공급하셨다.

컵라면 스무 개를 들고 서울역 노숙인에게 나갔던 첫 발걸음부터 9년 동안 주님은 그들의 필요에 따라 주시고 또 주셔서 소중한사람들은 아이티, 미얀마, 멕시코, 중국, 북한까지 번져나가고 있다.

한 달에 3만 명 이상의 배고픈 노숙인, 고아, 나그네들이 밥을 먹고 백 명이 넘는 사람이 소중한사람들 센터 숙소에서 생활하며 이백 명 이상의 고아들이 교육의 혜택을 받고 있다.

만 명을 책임지는 사람이 되겠다던 어렸을 적 나의 꿈은 덧없이 흘러 간 것이 아니었다. 그 꿈을 주님은 나 혼자 이루게 하지 않으시고 하늘의 별과 같은 수많은 동역자들과 하나가 되게 하셔서 이루어 주셨다.

나는 주님이 더 많은 영혼을 우리에게 맡겨주시기를 소원한다.

그리고 영혼을 구하는 생명의 일에 이 책을 읽은 그대를 신실한 동역자로 초대하고 싶다. ✽

말하지 않아도 들리는 소리

2013년 5월 10일 초판 발행
2020년 6월 5일 초판 16쇄

지은이 유정옥
펴낸이 유정옥
펴낸곳 소중한사람들

등 록 301-2012-242호(2012. 12. 10)
주 소 04502 서울 중구 중림로 8길 12
전 화 02) 365-9106
팩 스 02) 365-9104
ⓒ 유정옥, 2013

www.ppp.or.kr
e-mail : agape6695@hanmail.net

Printed in Korea
ISBN 978-89-98978-03-7 (03230)

표지, 본문 그림 심형 화백

책 값은 뒷표지에 있습니다.